2016年江苏沿海沿江发展研究报告集

主　编　成长春　周威平
副主编　陈长江　冯　俊

苏州大学出版社

图书在版编目(CIP)数据

2016年江苏沿海沿江发展研究报告集 / 成长春,周威平主编. —苏州：苏州大学出版社,2017.12
ISBN 978-7-5672-2329-5

Ⅰ.①2… Ⅱ.①成… ②周… Ⅲ.①区域经济发展－研究报告－南通－文集②社会发展－研究报告－南通－文集 Ⅳ.①F127.533－53

中国版本图书馆CIP数据核字(2017)第305327号

2016年江苏沿海沿江发展研究报告集

成长春　周威平　主编

责任编辑　施　放　王　娅

苏州大学出版社出版发行
(地址：苏州市十梓街1号　邮编：215006)
镇江文苑制版印刷有限责任公司印装
(地址：镇江市黄山南路18号润州花园6-1号　邮编：212000)

开本 700 mm×1 000 mm　1/16　印张 14.5　字数 207千
2017年12月第1版　2017年12月第1次印刷
ISBN 978-7-5672-2329-5　　定价：48.00元

苏州大学版图书若有印装错误,本社负责调换
苏州大学出版社营销部　电话：0512－65225020
苏州大学出版社网址　http://www.sudapress.com

目录

第一篇　长江经济带发展研究

长江经济带：走好生态优先、绿色发展之路
　　　　　　　　　　　　　　　　成长春　汤荣光　杨凤华／003
长江经济带建设：须加紧培育世界级产业集群　成长春　杨凤华／008
长江经济带世界级产业集群遴选研究　　　　成长春　王　曼／013
江苏如何抢抓长江经济带建设机遇　成长春　徐长乐　陈长江等／031
加快扬子江城市群落融合发展　　　　　　　　　　成长春／035
培育长江经济带世界级产业集群　　　　　　　　　杨凤华／038
走绿色发展之路　打造黄金经济带
　　——第三届长江经济带发展论坛观点集萃／040
国内智库齐聚长江经济带发展论坛，把脉长江绿色发展
　　——实现绿色发展须"巧勾勒""善留白"／044
协同推进扬子江城市群绿色治理的制度创新建议
　　　　　　　　　　　　　　　　　　　　成长春　陈长江／052

第二篇　沿海沿江开发研究

深入推进江苏沿江港口一体化改革的建议　　成长春　王银银／059
"十三五"南通沿海前沿区域重点中心镇产城融合发展研究
　　　　　　　　　　　　　　　　李　汝　杨晓峰　徐光明等／064
南通涉海金融创新发展研究　　　冯　俊　杨晓峰　顾沛文／074
南通沿海前沿区域破解用地瓶颈路径研究
　　　　　　　　　　　　　　　倪羌莉　杨晓峰　徐光明／088
南通沿海前沿区域区镇合一管理体制实施前后比较研究
　　　　　　　　　　　　　　　崔新进　杨晓峰　徐光明等／096

南通沿海小城镇公共空间景观设计研究
　　　　　　　　　　　　　　　　黄天灵　阚　璇　徐颖婷等 / 105
南通与长江经济带沿线重点城市合作研究　　　　胡俊峰 / 118
打造江海航运新通道，建设区域交通主枢纽　陈为忠　周威平 / 133
南通港口与上海港口深度融合、协同合作发展研究报告
　　　　　　　　　　　　　　　　　王　生　方季红　张　娟等 / 142

第三篇　南通经济发展研究

接轨上海、服务上海、融入上海，更好更快地建设上海"北大门"
　　　　　　　　　　　　　　　　　　　　　　　　季建林 / 159
南通建设上海"北大门"重点行动的若干建议　　　杨凤华 / 173
接轨上海要与融入扬子江城市群建设相衔接　　　杨凤华 / 180
南通接轨上海，重点在哪里　南通大学江苏长江经济带研究院 / 182
打造通州湾临港产业城助推南通建设上海"北大门"的若干建议
　　　　　　　　　　　　　　　　成长春　徐长乐　周威平等 / 186
不断提升南通中心城市首位度　　　　　　　　　　冯　俊 / 191
加快扶持培育南通民营大企业集团　　　　　　　　冯　俊 / 194
长江经济带绿色发展战略下南通节能环保产业发展的思考
　　　　　　　　　　　　　　　　　　　　　　　　孙　泊 / 203
"一带一路"倡议背景下启东开放型经济发展研究　高　鹏 / 214

后记　/225

第一编

长江经济带

发展研究

长江经济带：走好生态优先、绿色发展之路

> **摘 要** 以"生态优先、绿色发展"为核心理念的长江经济带发展战略，是党中央治国理政新理念、新思想、新战略的重要组成部分，为使母亲河永葆生机活力、为在长江经济带形成绿色发展方式和生活方式提供了科学的思想指引和行动指南。文章从"落实绿色发展新理念""打造绿色发展示范带""奏响绿色发展同心曲"三个方面全面阐述了推动长江经济带发展必须从中华民族长远利益考虑，走生态优先、绿色发展之路，使绿水青山产生巨大生态效益、经济效益、社会效益，使母亲河永葆生机活力。

思想应时代需要而创新，彰显智慧魅力；实践以破解难题为导向，凝聚前进伟力。长江是中华民族的母亲河，也是中华民族发展的重要依托。2016年1月5日，习近平同志在重庆召开推动长江经济带发展座谈会时指出，推动长江经济带发展必须从中华民族长远利益考虑，走生态优先、绿色发展之路，使绿水青山产生巨大生态效益、经济效益、社会效益，使母亲河永葆生机活力。以"生态优先、绿色发展"为核心理念的长江经济带发展战略，是党中央治国理政新理念新思想新战略的重要组成部分，为使母亲河永葆生机活力、为在长江经济带形成绿色发展方式和生活方式提供了科学的思想指引和行动指南。

一、落实绿色发展新理念

绿色发展和可持续发展是当今世界的潮流。实施长江经济带发展战

略,是以习近平同志为核心的党中央尊重自然规律、经济规律和社会规律,顺应世界发展潮流,为推动我国绿色发展和可持续发展做出的重大战略决策和部署。长江经济带发展要秉持绿色发展理念,布好战略思维"新棋局"。

标注永续发展新高度。绿色发展理念是马克思主义生态文明理论同我国经济社会发展实际相结合的创新理念,是深刻体现新阶段我国经济社会发展规律的重大理念。长江是我国国土空间开发最重要的东西轴线,在区域发展总体格局中具有举足轻重的地位。长江经济带11省市,既是经济共同体,更是休戚相关的生态共同体。改革开放以来,长江经济带已经跻身我国综合实力最强、战略支撑作用最大区域的行列,但也面临资源环境超载的困境。长江经济带发展战略,从经济社会发展全局出发,将"生态优先、绿色发展"作为核心理念和战略定位,明确保护和修复长江生态环境在长江经济带发展中的首要位置,坚守"共抓大保护,不搞大开发"的实践基准,赋予生态文明建设前所未有的实践意义,必将标注中华民族永续发展的新高度。

提供强有力的绿色发展战略支撑。习近平同志指出,"构筑尊崇自然、绿色发展的生态体系"。绿色发展理念源自中国特色社会主义伟大实践,又引领以人与自然和谐相处为指向的中国经济社会发展实践。理念是实践的先导,实践是理念的支撑。长江经济带发展战略为落实绿色发展理念提供了强有力的战略支撑。实施长江经济带发展战略,要彰显生态主题、写好绿色文章,把保护和修复长江生态环境摆在首要位置,把长江经济带建设成为我国生态文明建设的先行示范带,有效推动区域经济更有效率、更加公平、更可持续发展,更好实现区域经济、人口、生态空间均衡。

在更优化的布局、更广阔的空间中推动绿色发展。长江经济带发展与"一带一路"建设、京津冀协同发展是共同推进的区域发展三大战略。"一带一路"建设旨在统筹国内国际两个大局,着眼于更好利用国际国内两个市场、两种资源,构建区域合作架构,鼓励和支持各地通过积极参与国际分工合作实现新的更大发展。京津冀协同发展战略重在面向未来打造新的首都经济圈,推进区域发展体制机制创新,开辟我国内涵集约型区域协同发展之路。长江经济带发展战略是在我国全面深化改革背景下实施的区域开发开

放新战略,旨在把长江经济带建设成为我国生态文明建设的先行示范带、引领全国转型发展的创新驱动带、东中西互动合作的协调发展带,显著增强区域发展统筹度、整体性、协调性。三大发展战略着眼于一体联动和重点突破相统一,在发挥地区比较优势的基础上促进优势互补,推动以沿海沿江沿线经济带为主的纵向横向经济轴带全面形成,构建连接东中西、贯通南北方的多中心、网络化、开放式区域开发格局,在更优化的布局、更广阔的空间中推动绿色发展,实现整体协调发展和可持续发展的有机结合。

二、打造绿色发展示范带

长江经济带发展牵一发而动全身,必须守住青山不放松、护好绿水不辞难。要以先进理念、科学思路、创新制度推动长江经济带发展,增强战略定力,厚植发展优势,全力打造绿色发展示范带。

确立"绿水青山就是金山银山"的现代生态文明观。长江拥有独特的生态系统,是我国重要的生态宝库。习近平同志指出:"我们既要绿水青山,也要金山银山。宁要绿水青山,不要金山银山,而且绿水青山就是金山银山。"实施长江经济带发展战略,要科学认识和把握发展与保护的辩证关系,牢固确立"绿水青山就是金山银山"的现代生态文明观。把保护和修复长江生态环境摆在首要位置,涉及长江的一切经济活动都要以不破坏生态环境为前提。思路要明确,约束要硬化,长江生态环境只能优化、不能恶化。把实施重大生态修复工程作为推动长江经济带发展的优先项目,实施好长江防护林体系建设、水土流失及岩溶地区石漠化治理、退耕还林还草、水土保持、河湖和湿地生态保护修复等工程,增强水源涵养、水土保持等生态功能。

自觉遵循绿色循环低碳发展思路。习近平同志强调,要用改革创新的办法抓长江生态保护。要在生态环境容量上过紧日子的前提下,依托长江水道,统筹岸上水上,正确处理防洪、通航、发电的矛盾,自觉推动绿色循环低碳发展,有条件的地区率先形成节约能源资源和保护生态环境的产业结构、增长方式、消费模式,真正使黄金水道产生黄金效益。为此,推动长江经济带发展,要坚持改革引领、创新驱动,有效促进长江经济带在发展中保护、在保护中发展。长江经济带以水为纽带,要以长江水质保护为重点,切实保护和改善水环境,大力保护和修复水生态,有效保护和利用水资源。长江经济带资源环境超载问题突出,要节约集约利用资源,推动资源利用方式根本转变。长江经济带沿江两岸重化工业布局比较密集,要优化产业布局,推动工业园区循环化改造,体现绿色循环低碳发展要求。

建立健全空间均衡有序发展制度。习近平同志指出:"只有实行最严格的制度、最严密的法治,才能为生态文明建设提供可靠保障。"长江生态环境保护中存在的一些突出问题,大都留有体制不完善、机制不健全、法治不完备的印记。新的时代条件下,要牢固树立空间均衡理念,按照人口资源环境相均衡、经济效益社会效益生态效益相统一的原则,健全基于主体功能区的区域政策、国土空间用途管制制度和自然资源统一监管体制;按照"节水优先、空间均衡、系统治理、两手发力"的新时期治水思路,落实最严格的水资源管理制度;按照"谁受益谁补偿"的原则,加快建立长江流域环境生态补偿机制。

三、奏响绿色发展同心曲

习近平同志指出:"长江经济带作为流域经济,涉及水、路、港、岸、产、城和生物、湿地、环境等多个方面,是一个整体,必须全面把握、统筹谋划。"长江经济带相关地区和部门积极落实中央要求部署,奏响长江经济带"共建走廊、双向开放、东中西互动"的绿色发展"同心曲"。

协力打造融合共生发展新走廊。习近平同志指出,要增强系统思维,统筹各地改革发展、各项区际政策、各领域建设、各种资源要素,使沿江各省市协同作用更明显,促进长江经济带实现上中下游协同发展、东中西部互动合作。在这一重要思想指导下,长江经济带11省市合力推进全流域协同融合,加快推进资源在更广领域优化配置。逐步建立健全最严格的生态环境保护和水资源管理制度,加强流域生态系统修复和环境综合治理,大力构建绿色生态廊道。不断提升黄金水道功能,抓好航道畅通、枢纽互通、江海联通、关检直通,高起点、高水平建设综合立体交通走廊。加速推进产业有序转移和城镇化空间格局优化，坚持创新发展和产城融合发展，着力建设现代产业走廊和新型城镇走廊。

合力构建东西双向开放新格局。习近平同志指出："各国经济，相通则共进，相闭则各退。"长江流域是连接丝绸之路经济带和21世纪海上丝绸之路的重要纽带，沿江各省市正充分发挥自身开放优势，协同推进长江经济带加快形成东西双向、陆海统筹对外开放新格局。一方面，深化向东开放。上海及长三角地区积极打造开放型经济升级版，不断增强对"一带一路"建设的支撑能力，全面提升国际化水平和全球资源配置能力。另一方面，加快向西开放。长江中上游地区加快建设云南面向南亚东南亚辐射中心和内陆开放型经济高地，加快联通"一带一路"经济走廊，不断提高对外开放合作水平。

聚力完善区域协调发展新机制。习近平同志指出："推动长江经济带发展必须建立统筹协调、规划引领、市场运作的领导体制和工作机制。"当前，长江经济带初步形成多层次协商合作机制和规划体系，致力于打破行政区划界限和壁垒，协同保护长江生态环境，推进基础设施互联互通，促进区域经济协调发展。长江经济带发展领导小组充分发挥统领作用，多次组织召开推动长江经济带发展工作会议、专题会议。覆盖全流域的长江经济带省际协商合作机制全面建立，一体化市场体系加速形成。其中，长江下游沪、苏、浙、皖四省市已建立"三级运作、统分结合、务实高效"的合作协调机制。

文章来源：《人民日报》(2017年9月18日第7版)
南通大学江苏长江经济带研究院　成长春
南通大学党委宣传部　汤荣光
南通大学江苏长江经济带研究院　杨凤华

长江经济带建设：
须加紧培育世界级产业集群

> **摘 要** 备受关注的《长江经济带发展规划纲要》近日正式印发。作为实施长江经济带发展战略的基本遵循，纲要从规划背景、总体要求、大力保护长江生态环境、加快构建综合立体交通走廊、创新驱动产业转型升级、积极推进新型城镇化、努力构建全方位开放新格局、创新区域协调发展体制机制、保障措施等方面描绘了长江经济带发展的宏伟蓝图。如何推动纲要切实落地实施，是各界积极思考的问题。光明日报特约请相关智库专家，就其中一个重要方面——如何更好培育长江经济带世界级产业集群，强化创新、驱动产业转型升级，指出问题，提出建议。

2016年3月2日，国家发改委等三部委联合印发《长江经济带创新驱动产业转型升级方案》（以下简称《方案》），提出在5大重点产业领域和10大发展潜力较强、市场前景广阔的新兴产业领域培育世界级产业集群。近日国务院正式印发的《长江经济带发展规划纲要》明确要求，长江经济带要加快实施"中国制造2025"，加强重大关键技术攻关、重大技术产业化和应用示范，联合打造电子信息、高端装备等世界级产业集群。因此，充分利用中心城市的产业优势，加快培育以国际先进发展理念为引领、以沿江省级以上开发区为载体、以大型企业为骨干、以拥有全球竞争力和国际品牌为核心的世界级产业集群，成为今后一段时期长江经济带实现经济提质增效和绿色发展的重要任务。

一、存在问题：创新驱动、协同融合、绿色转型现"短板"

《方案》中提出的15大产业领域可划分为先进制造业(以下简称"长江经济带重点制造业")和生产性服务业(以下简称"长江经济带重点服务业")两大类：前者包括新型平板显示、集成电路、先进轨道交通装备、汽车制造、生物医药、新材料产业、节能环保、新能源装备、航空航天9大产业；后者包括电子商务、研发设计服务、检验检测服务、软件和信息技术服务、现代物流、现代金融服务6大产业。当前，将长江经济带重点制造业和重点服务业培育成世界级产业集群，在创新驱动、协同融合、绿色转型等方面还存在一些问题。

（一）创新驱动能力不够强

全方位创新发展体系亟待构建。长江经济带重点制造业总体上自主创新能力不强，中低端产业比重过高，核心技术对外依存度较高，高端设备、关键零部件和元器件、关键材料等多依赖进口。

关键共性技术研发和转化平台布局滞后。由于在产业共性技术研发投入方面存在主体缺位、资金不足等问题，长江经济带重点产业共性技术和关键技术供给的组织保障体系和激励机制建设较滞后。

促进创新的一体化市场体系尚不完善。长江经济带重点产业协同创新发展的规划、组织、协调机制尚不健全，科技与劳动力、资本、土地等要素的融合不够顺畅。

（二）融合发展程度不够高

重点产业发展与信息化、新型城镇化融合程度不高；长江经济带重点产业以产业链为整体、上中下游互动协同的发展格局还未形成；重点产业的全球竞争力不够强，长江经济带重点产业在全球价值链中的整体地位不高。

（三）绿色升级步伐不够快

绿色转型理念有待提升。长江经济带重点制造业生产中绿色制造的理念和高效、节能的要求还未得到很好体现；绿色理念以及支持制造业加快低碳节能改造的服务理念仍需增强。

沿江生态保护红线管控平台急需搭建。沿江各省市生态保护红线尚未划定，与上中下游生态环境状况相匹配的差别化的环境准入制度尚未明确制定，难以统筹制定长江经济带重点产业经济活动在沿江不同功能区的负面清单，难以严格界定各级政府的红线管控责任。

沿江园区污染集中治理和循环化改造须提速。由于受到资源、环境、监管等多种因素的制约，支撑长江经济带重点产业发展的沿江各类园区集中治污效果不尽如人意，低消耗、低排放、高效率、能循环的现代产业体系亟待加速构建。

二、对策建议：优化资源配置，切实提质增效

（一）创新发展增强产业国际竞争力

提升创新源头驱动力。长江经济带要加快推动重大关键共性技术研发平台建设，有效突破制约长江经济带重点产业发展的技术瓶颈。加快推动上海建设具有全球影响力的科技创新中心，系统推进上海、安徽（合芜蚌）、武汉、四川（成德绵）的全面创新改革试验，同时立足长江经济带各省（市）产业基础和品牌优势，在长江经济带布局建设国家自主创新示范区和国家制造业创新中心，对事关长江经济带重点制造业综合竞争实力提升和产业链各环节均衡发展的重大创新领域实施科学研究、技术开发、工程化与成果转化等全创新链战略部署。

提升企业自主创新能力。长江经济带各省市要结合自身重点产业发展基础和特色，鼓励企业加大研发投入，支持企业开展基础研究和前沿技术攻关，依托行业龙头企业布局建设一批国家科研基地。鼓励企业面向相关科研机构寻求智力支持，开展产学研合作。

提升全球配置创新资源能力。坚持开放创新，提高配置全球创新资源的能力和水平，推动长江经济带重点产业向全球产业链的高端迈进。支持区域内企业在境外设立研发中心，鼓励支持跨国公司、国际研究机构在长江经济带设立研发中心、科技服务机构，搭建联合研究平台。培育一批世界领

先的创新型企业、品牌和标准,建设一批产业技术创新战略联盟,深化与不同类型国家的双边及多边科技创新合作,推动长江经济带加快建设具有国际竞争力的产业技术新体系。

(二)融合发展促进资源优化配置

提升工业化与信息化融合发展水平。要充分发挥新一代信息技术在长江经济带重点制造业领域的渗透和贯通作用,构建以信息经济为主导的新型经济模式,通过数据的自由流动加快解决定制化生产的成本、质量、效率等问题。指导编制互联网与长江经济带重点制造业融合发展路线图,组建智能制造产业联盟,推进长江经济带大数据综合试验区和产业集聚区建设,推动长江经济带重点制造业形成以信息经济为主导的新型经济模式和高效定制化生产模式。

促进区域互动融合。依托长江经济带世界级城市群建设,在推动城市群实现重点产业发展与新型城镇化融合共进的同时,加快推进形成城市分工协作的发展格局。构建城市群重点产业优化布局工作机制,统筹协调城市群重点产业规划、项目的落实进展;健全区域联动合作机制,推动区域内重点产业协同合作一体化发展,促进区域内生产要素自由、合理流动,实现重点产业整体发展和各区域特色发展齐头并进;立足各地的产业特色与优势,加强长三角地区尤其是上海在区域互动融合中的引领带动作用;提升长江中上游地区中心城市重点产业的对外服务功能;提升水利部长江水利委员会和交通部长江航务管理局等机构的协调管理功能,实现长江经济带产业布局优化与长江水利、航运等事业协同共进。

积极融入经济全球化大局。将长江经济带重点产业优势与国外需求紧密结合,在"全球制造"产业体系和产业链中不断巩固放大"中国制造"的国际竞争优势。支持鼓励长江经济带重点产业积极参与境外产业集聚区、经贸合作区、工业园区、经济特区等合作园区建设,引导产业内大企业带动中小配套企业抱团出海、集群式"走出去";推进"互联网+产业集群"建设,大力发展跨境电子商务;推动长江经济带重点产业参与本行业的国际标准制定,增强相关国际话语权。

（三）绿色发展引领提质增效

制定环境准入负面清单。抓紧编制长江经济带生态环境保护规划，形成长江经济带重点产业绿色发展的顶层设计。划定沿江各省市生态保护红线，明确重点产业、重点企业污染物的排放总量上限和阶段性目标，紧密结合上中下游地区主体功能区的规划要求，提出差别化的环境准入条件，制定出沿线不同地区重点产业发展的负面清单。

创新园区环境管理方式。长江经济带重点产业园区要从规划环评、集中治污、环境监管等方面入手，最大限度实现环境保护与产业发展共赢。

走在全球绿色发展前沿。肩负起共同维护全球生态安全的重任，积极推动国际绿色经济规则和全球可持续发展目标的制定，积极参与国际绿色科技交流，积极实施国际环境绿色标志认证，加快与国际环境标准接轨的步伐。

文章来源：《光明日报》(2016年9月14日第16版)

南通大学江苏长江经济带研究院　成长春

南通大学江苏长江经济带研究院　杨凤华

（本文系国家社科基金重点项目[16AJL015]的阶段性成果）

长江经济带世界级产业集群遴选研究

摘　要　随着经济全球化进程的加快,长江经济带的诸多产业集群依托其高度的产业集聚和联系特征、协同创新网络优势和显著的正外部经济效应,正在不断嵌入全球生产网络,并向着具有全球市场影响力和竞争力的世界级产业集群迈进。文章系统阐述了世界级产业集群的基本内涵与本质特征,分析了长江沿岸产业集群发展的良好区域经济基础,拟定了"生态优先、绿色发展"等筛选原则,并遴选出长江经济带未来重点打造的十大世界级产业集群。

2016年3月,国家发展改革委等3部委联合下发的《长江经济带创新驱动产业转型升级方案》(以下简称《方案》)明确指出,长江经济带要"在新型平板显示、集成电路、先进轨道交通装备、汽车制造、电子商务等五大重点领域……打造世界级产业集群。……在生物医药、研发设计服务、检验检测服务、软件和信息技术服务、新材料产业、现代物流、现代金融服务、节能环保、新能源装备、航空航天等领域……培育十大新兴产业集群"。因此,如何深刻认识和把握世界级产业集群的基本内涵与本质特征,如何科学制定和分析长江经济带世界级产业集群的筛选原则及其遴选结果,并为其评价指标体系构建、培育路径设计等后续研究提供有力支撑,就成了本文研究的重点。

一、世界级产业集群

(一) 世界级产业集群的缘起

关于"世界级产业集群"(World-Class Clusters or WCCs),目前国内外学界尚未开展广泛的研究,对其的概念认定和理论认知尚处于探讨与摸索的起步阶段。根据笔者在"中国知网"中的检索,截止到2016年5月31日,尚未发现以"世界级产业(集)群"作为主题词的有效文献,同时在Webof knowledge外文数据库网站中以"World-Class Clusters"为标题检索出来的相关文献只有2篇。根据欧盟委员会(2010)公布的《欧洲世界级产业集群发展白皮书》,认为世界级产业集群通常是指能够在世界级水平上促进企业创新、区域发展和提升国际竞争力的一种生态系统,国际竞争力主要指产业集群在全球市场上提供产品和服务的能力。换言之,世界级产业集群是指对全球的技术创新、产品市场、经济发展具有影响力和控制力的产业集群。它需要具备三个方面的因素:一是集群特有的结构体系,包括研发水平、相关基础设施、教育质量、孵化器活力、区域吸引力以及创新激励机制等;二是集群主体,包括起决定作用的市场和技术领导者、集群主体的国际知名度和声誉、各主体的履约能力和积极参与程度、竞争者的参与程度以及国际合作等;三是集群管理,包括集群战略、集群管理服务专业化程度、集群管理的金融支持和员工杰出程度、大学和科研机构与集群主体的凝聚力、增加值以及集群国际化程度等。

世界级产业集群是人类社会进入21世纪之后伴随着全球经济一体化进程的持续深化和顺应全球创新活动、创新范式出现的一系列深刻变化的必然产物,是新时代背景下一般产业集群的升级版及其动态演进的高级阶段。世界级产业集群是指拥有全球视域和群内创新资源与创新活动流动、配置、再创新的全球空间,对全球的科技创新、产业升级、主流市场、空间网络结构和区域经济发展等具有影响力和控制力的产业集群。

（二）世界级产业集群的本质特征

相对于一般产业集群而言，世界级产业集群在基本内涵的广度深度和一般特征的空间表征上都出现了质的飞跃。两者的区别与联系主要体现为：

（1）在空间集聚性特征上，产业集群从过去单一的地理空间的邻近性走向与功能空间的分异性的集合，由局地的点状、块状组团走向与区域和全球的带状、网状组团的集合。出现这一重大变化的主要原因，在于集群内以跨国公司为代表的行业领先企业的全球战略所导致的全球生产网络的形成，以及集群所在的地方性生产网络与全球生产网络的相互"镶嵌"和"对接"。因此，全球生产网络的形成及其对各国地方性生产网络的嵌入与渗透，是造成世界级产业集群从微观的点状、块状组团走向中观、宏观的带状、网状组团的必要条件和根本原因。

（2）在产业关联性特征上，世界级产业集群从以实物、实体、实业为主的物理链式产业关联，走向以"互联网+"为典型代表的、虚实结合的网状产业关联，由制造业为主的集群走向制造业与服务业和农业紧密关联、融合共生的全口径产业集群，并催生出一批介乎于传统三次产业之间新的产业业态。出现这一重大变化的主要原因，在于全球"产业升级"的演进过程对集群产业关联方式的深刻影响。一方面由于全球产业升级过程中三次产业依次转换递进的内在规律，致使那些早已处于后工业化时代的发达国家、新兴经济体和一些发展中国家的中心城市和发达地区的现代服务业的发展规模、势头和产业地位等都已远远超越了制造业，从而涌现出一大批以金融保险、现代物流、旅游会展、传媒动漫等为代表的现代服务业产业集群，并深刻地影响着创新资源和创新活动在集群内外的流动方式和联系方式；另一方面，在全球价值链的背景下，那些仍处于技术含量较低的加工组装环节的地方性产业集群，为了破解逐渐陷入"低端锁定""悲惨增长"的困境，就必须通过在全球价值链基础上平行构建国内价值链、开辟基于本土市场规模的技术创新第三条道路等策略，改变产业集群原有的升级路径和关联方式，以实现新的"价值链升级"的战略选择。

此外,世界级产业集群还是联系区域化与全球化的重要纽带。它除了依赖集群内各行为主体之间频繁有序的创新互动以达到内部的有机整合外,还要求集群网络的各节点不断与区域外的网络节点发生全方位、多层次的联结,寻找新的合作伙伴,开辟新的市场,拓展生产创新空间,以获取远距离的知识和互补性资源,拓展国际市场。

(3)在功能的创新性特征上,世界级产业集群的创新范式发生了重大变化,从群内单一主体开展的知识创新、技术创新、管理创新,走向多主体围绕共同的创新目标组成协同创新系统,并依托协同创新平台,开展多主体、多领域、多因素共同协作、相互配合、追求协同效应的协同创新。其中,集群协同创新系统主要由知识创新、技术创新、创新服务和政策支撑、知识传播和应用等四个子系统组成;协同创新平台是有效整合与共享群内各种创新资源和创新支撑平台的一种综合集成的服务载体;协同创新过程是一个"沟通—协调—合作—协同"的过程,其主要形式就是产学研管之间围绕创新主体、创新资源和创新政策展开的协同创新;协同创新效应就是通过对群内各种创新资源和支撑平台的整合与共享,来降低创新成本和分散市场风险,实现"$1+1>2$"的整体效益。

(4)在结构的网络性特征上,世界级产业集群从地方性生产(贸易、创新)网络不断深度嵌入全球生产(贸易、创新)网络,日益成为全球生产(贸易、创新)网络节点;通过全球价值链与国家价值链的相互交织、深度嵌入和耦合共生,促进集群产业链的协同升级;依托移动性、大数据、云计算、高运转、智能化的现代网络技术,促进产业链、价值链、创新链三链融合,形成"全球创新网络(跨国公司主导)+知识创新网络(高校)+研发网络(研究机构主导)+产业创新网络(企业主导)"的集群创新网络新格局。

(5)在市场的竞争性特征上,世界级产业集群在群内跨国公司的引领带动下,从地方市场、区域市场逐步走向全球市场并处于价值链高端环节,形成具有全球市场影响力和控制力的领先企业(跨国公司)、核心技术(共性、关键、前瞻)、主流产品(高知名度、高附加值、高科技含量)和标准体系,

以及集群整体所形成的有利于竞争力孕育和提升的环境。从影响范围和地位看,整个集群具有显著的规模优势和很高的全球市场占有率,成为世界同类产业的重要研发中心和专门化基地,而不是一般世界生产基地和全球加工中心。

(6)在社会的根植性特征上,产业集群内企业从经济行为主体不断向社会行为和生态行为主体拓展,不断凸显具有知识溢出和高生态效应的"双重正外部性"的"生态创新"成果;企业文化中越来越多的注入了绿色、集约、低碳、环保、人与自然和谐共生的元素和理念;现代企业家精神中越来越体现出在追求企业经济目标的同时更加关注企业的社会责任和生态责任,力求实现企业经济效益、社会效益和生态效益的统一。

二、长江经济带产业集群发展的区域经济基础

长江是中国第一、世界第三大河,沿岸地区人口密集、城镇密布、经济繁荣、社会昌盛,近代以来就是中国的工业走廊、城市走廊和商贸走廊,也是当今世界上最大的内河经济带和中国未来最重要的经济支撑带,现已形成了电子信息、高端装备、汽车、家电、化工、钢铁、电力、轻工、纺织服装等一大批产业集群,为进一步培育和打造世界级产业集群奠定了坚实的区域经济基础。

(一)经济总量大、综合实力强,在我国经济发展中的地位举足轻重

2014年,长江经济带11省市国内生产总值284 641亿元,规模以上工业总产值473 934亿元,固定资产投资总额210 350亿元,社会消费品零售总额108 230亿元,外贸进出口总额17 578亿美元,分别占全国同期44.8%、42.8%、41.1%、39.8%、40.9%,几乎占据全国的半壁江山(见表1)。其中,下游江浙沪3省市人均GDP达到8.1万元,已整体迈入工业化高级阶段;而下游的安徽、中游3省与上游4省人均GDP分别为3.4万元、4.0万元和3.4万元,尚处于工业化中级阶段和地区经济大干快上的高增长时期,产业发展的动力与后劲十足。

表1 2014年长江经济带经济发展基本情况

（单位：依次为万 km²、万人、亿元、人/元、亿元、亿美元、%）

省市	面积	年末常住人口	GDP	人均GDP	工业总产值	固定资产投资总额	社会消费品零售额	外贸进出口总额	城市化率
上海	0.6	2 426	23 561	97 300	32 665	6 016	8 719	4 666	89.3
江苏	10.3	7 960	65 088	81 874	143 017	41 939	23 209	5 638	64.1
浙江	10.2	5 508	40 154	72 901	67 040	23 555	16 905	3 552	64.9
安徽	14	6 083	20 849	34 427	37 421	21 256	7 321	493	49.2
江西	16.7	4 542	15 709	34 661	28 792	15 110	5 129	428	50.2
湖北	18.6	5 816	27 367	47 124	43 394	24 303	11 806	431	55.7
湖南	21.2	6 737	27 049	40 287	39 378	21 270	10 082	310	48.0
重庆	8.2	2 991	14 263	47 859	21 520	13 224	5 096	955	59.6
四川	48.6	8 140	28 537	35 128	38 359	23 577	12 393	703	46.3
贵州	17.6	3 508	9 251	26 437	9 507	9 026	2 937	108	40.0
云南	39.4	4714	12 815	27 264	12 841	11 074	4 633	296	41.7
下游	35	21 977	149 652	71 626	280 142	92 766	56 153	14 348	66.9
中游	56.5	17 095	70 124	40 691	111 564	60 683	27 017	1 169	51.3
上游	113.9	19 354	64 865	34 172	82 227	56 901	25 059	2 061	46.9
经济带	205.4	58 425	284 641	48 829	473 934	210 350	108 230	17 578	55.0
全国	960	136 782	635 910	46 629	1 107 032	512 021	271 896	43 015	54.8
占全国	21.4	42.7	44.8	1.05倍	42.8	41.1	39.8	40.9	1倍

资料来源：《中国统计年鉴2015》，沿江11省市统计年鉴（2015）。下同。

（二）三次产业、不同所有制企业、大中小企业协同发展的产业格局业已基本形成

从表2上看，2014年长江经济带三次产业结构为8.4∶46.9∶44.7，整体呈现"二三一"格局，其中下游地区已首次进入"三二一"时代，产业结构相对中上游地区更加优化；从企业规模上看，2014年沿江11省市规模以上大中小型工业企业分别占比36.6∶25.2∶38.2，企业规模相对均匀，但大型企业占比略低于全国同期的39.5%,大型龙头企业竞争力还有待进一步提升。从所有制结构上看,2014年长江经济带11省市国有、民营及三资企业分别占比4.7∶36.7∶25.7,是我国外商和港澳台企业的重点投资区域,尤其是下游地区的外商投资占比最大,经济开放度最高;私营企业占比则为中游最高,下游次之,上游最低。总体而言,长江经济带的市场活跃度在下游较中上游更高。

表2　2014年长江经济带规模以上工业企业结构

地区	三次产业结构	大中小型占比	国有、私营、外商和港澳台占比
下游	5.3∶46.5∶48.2	37.1∶25.2∶38.7	3.5∶36.0∶32.7
中游	11.4∶48.1∶40.5	31.7∶25.0∶43.3	8.4∶41.8∶13.9
上游	12.1∶46.5∶41.4	41.4∶25.5∶33.1	4.9∶32.6∶14.5
长江经济带	8.4∶46.9∶44.7	36.6∶25.2∶38.2	4.7∶36.7∶25.7
全国	9.2∶42.6∶48.2	39.5∶24.2∶36.3	4.5∶33.6∶4.5

(三)外向型经济发展迅猛,国际竞争力显著提升

改革开放以来,长江经济带在实际利用外资、进出口贸易和国际经济合作等三大外向型经济指标上均长期处于国内领先地位,2014年外贸进出口总额占了全国的40.9%,实际利用外资占了近50%。根据商务部数据,2015年长江经济带又有1.2万家新生外企落地,占了全国的45%[①]。近年来,沿江11省市不断顺应全球科技和产业变革趋势,积极参与国际分工,培育打造了一批具有较大国际市场份额和较高国际影响力的产业集群,在世界生产体系与全球价值链中的地位逐步攀升。如重庆生产的笔记本电脑、平板电脑现已占到全世界的接近1/3[②],并通过渝新欧铁路出口到欧洲等地;杭州大力依托电子商务、移动互联网、云计算、大数据等新一代信息技术,催生出阿里巴巴、海康威视、华三通信等一批知名信息服务企业,业已成

---

① 数据来源:http://www.mofcom.gov.cn/article/tongjiziliao/v/201601/20160101238883.shtml.
② 数据来源:http://finance.ifeng.com/a/20150113/13425602_0.shtml.

为杭州的优势产业和世界互联网的重要产业基地[①]。此外，上海自贸区的设立及其"可复制、可推广"的成功经验，可以有力地推动上中下游地区通关一体化、投资便利化、人民币跨境业务等一系列贸易、金融改革措施的先行先试。

（四）经济发展的制度环境进一步完善

首先，战略地位不断提升，政策环境不断改善。自从2013年7月长江经济带建设上升为国家战略以来，党中央、国务院非常重视长江经济带建设的顶层设计、规划引领和健康发展问题，相继出台了《国务院关于依托黄金水道推动长江经济带发展的指导意见》（2014.9，以下简称《意见》），召开了"推动长江经济带发展座谈会"（2016.1），审议通过了《长江经济带发展规划纲要》（2016.3，以下简称《纲要》），以及三部委发布的《方案》等，国务院也成立了长江经济带规划领导小组，并建立了长江经济带发展部际联席会议制度，从而为长江经济带的发展打造了良好的政策环境。

其次，创新驱动引领发展。2014年长江经济带R&D经费投入占GDP比重为1.9%，人均科技经费投入33万元/人，研发投入强度略低于全国平均水平，但在研发效益上则优势明显，每亿元研发投入产生专利数118项，万名R&D人员拥有专利数12 230项，分别为全国的1.18倍和1.13倍；长江经济带规模以上工业企业新产品产值率从2008年的13.39%提升至2014年的16.15%，企业创新能力相比全国有较快的增长，其中下游地区的领衔地位十分突出。

再次，区域经济一体化体制机制的不断完善。特别是2003年起逐步形成的"沪苏浙（皖）主要领导座谈会+省市联席会议+长三角城市经济协调会+重点专题组"的"三级运作"的区域合作机制，可以在总结、完善其成功经验的基础上进一步向上中游地区推广延伸至整个长江经济带，并成为全

[①] 数据来源：《打造具有全球影响力的"互联网+"创新创业中心》，《杭州日报》，2016年4月22日。

国区域经济一体化制度安排的示范。

（五）产业空间分布呈现连续性与分异性并存格局

以制造业的空间分布为例，一方面长期的"工业走廊"建设和上中下游之间密切的自然、经济、社会联系，致使沿江制造业呈现出明显的连续状、串珠状的带状分布特征。如电子工业中下游的集成电路、微型计算机到中上游的光电子、手机和新一代平板显示，汽车工业中从下游的上汽、吉利、奇瑞、江淮到中上游的东风、长安，钢铁工业中从下游的宝钢、苏钢、马钢到中上游的武钢、攀钢，装备工业中从下游的海工装备、智能制造到中上游的轨交装备、精密机床等，共同形成了以电子、汽车、钢铁、电力、纺织、化工、建材、船舶、家电、装备制造等为主导的沿江优势工业。另一方面，受资源要素禀赋差异和产业发展基础差异的深刻影响，沿江上中下游地区优势产业的地域分布迥异，下游4省市主要集中于电子、化工、电气机械、钢铁、通用设备、汽车等高科技产业、重化工业和装备工业等领域；上游4省主要集中于矿物采选和加工（包括有色、钢铁、煤、非金属矿等）、特色农副产品加工（包括食品、烟、酒、茶、饮料）等采掘工业、轻纺工业领域，以及化工、汽车、电子、电气机械等部分装备工业领域；中游3省则介乎于下游与上游之间，形成了各自独特的优势产业类型。加上下游地区外向型经济强、嵌入全球生产网络程度深、海洋经济前景广阔的产业特色和上中游地区资源能源采掘加工、高效农业、国防工业、特色旅游业等优势产业突显的互补性，从而为上中下游之间的产业分工与合作奠定了坚实的基础。沿江服务业的发展状况依然，既有航运、物流、金融、旅游、房地产等行业连续状的整体发展态势，也有下游地区现代服务业规模大、占比高、优势明显等不同特点。

从园区的发展情况看，沿江各类产业经济园区星罗棋布、遍地开花，成为发展高科技产业、外向型经济和各类产业集群的重要空间载体。如沿江11省市共有51个国家级高新技术开发区，占了全国129个的39.5%。其中，下游4省市26个，中游3省市16个，上游4省市9个，分别占了51.0%、31.4%和17.6%。沿江国家级经济技术开发区的分布情况亦是如此，都呈现出明显的梯级分布的特点。

从具有全球及区域性市场影响力的领先企业的数量及分布情况看,长江经济带有一大批企业已经或正在迈入全国500强乃至世界500强的行列。以财富世界500强企业为例,沿江11省市从2000年的无一入围迅猛发展到2015年的15家,其中上海8家(上汽、交通银行、宝钢、中国网通、绿地、浦发银行、太保、华信能源),江苏2家(太平洋建设、苏钢),浙江2家(浙江物产、吉利),武汉2家(东风、武钢),江西1家(江西铜业),下游和中游地区分别占了80%和20%。在2015年财富中国500强企业名单中,沿江11省市共有43个城市的172家企业入围,占了全国的34.4%,其中以上海的48家居首,随后依次为杭州、南京、武汉、重庆等沿江中心城市,上中下游地区点状与块状、串珠状交错分布的特点鲜明(见表3)。

表3 2015年长江经济带中国500强企业分布

企业数量	城市
≥10	上海(48)、杭州(19)、南京(10)
(5-9)	武汉(9)、重庆(8)、宁波(6)、南昌(6)、合肥(5)、长沙(5)、成都(5)
(2-5)	苏州(4)、昆明(4)、无锡(3)、湖州(3)、绍兴(3)、南通(2)、嘉兴(2)、芜湖(2)、铜陵(2)、株洲(2)、宜宾(2)
1	镇江、扬州、连云港、宿迁、常州、徐州、温州、台州、衢州、马鞍山、蚌埠、新余、上饶、黄石、宜昌、湘潭、攀枝花、绵阳、贵阳、遵义、曲靖、个旧

资料来源:根据财富中文网中国500企业汇总整理。

三、长江经济带世界级产业集群的筛选原则和遴选结果

(一)筛选原则

依据世界级产业群的空间集聚性、产业关联性、功能创新性、结构网络性、市场竞争性和社会根植性等六方面特征,结合《意见》中对长江经济带的战略定位和战略要求,本文拟从以下视角开展长江经济带世界级产业集群的筛选工作:

（1）保护生态环境视角。"低碳经济、绿色发展、人与自然和谐共生"的可持续发展理念,是世界级产业集群在形成与发展中极为突出的本质特征,也是其社会责任和正经济外部性的重要体现。作为全球人口最多、产业规模最大的内河经济带,长江经济带在寻求经济社会发展时必须首先考虑到全流域的环境承载能力,因此"生态优先、绿色发展"必须作为保障长江经济带可持续发展的首要原则。

（2）协同创新视角。作为产业集群形成与发展的关键因素,世界级产业集群的遴选必须强调集群多创新主体、多创新领域、多创新形式的协同创新;必须强化创新在集群核心关键共性技术研发、高端产品塑造和价值链升级过程中的"第一生产力"作用;必须凸显集群在我国和沿江地区"创新驱动、转型发展"进程中显著的引领示范作用。

（3）空间集聚视角。必须充分考虑世界级产业集群在国内外市场所占用的显著规模优势和外部规模经济效应;必须更加突出对国内顶级、国际知名的领先企业的培育塑造;必须充分关注集群空间组织架构的不断优化和对上中下游地区产业分工与合作的积极推动作用。

（4）全球市场视角。必须把拥有和不断提升全球市场的影响力、控制力和竞争力,作为打造世界级产业集群的终极目标;必须聚焦于具有较高国际知名度和国际影响力的自主品牌、核心技术和领先企业的培育、攻关和塑造,作为集群筛选的重要标准和集群拥有并不断提升全球影响力和竞争力的突破口,并在国际行业标准制定上拥有较大话语权,形成以质量、品牌、服务为核心的国际竞争新优势。

（5）流域特色视角。长江流域是以水体的上中下游流动、水资源的开发利用和水环境的治理修复为特色的典型的流域自然—经济—社会复合系统,因此,长江经济带世界级产业集群的筛选也必须充分考虑到流域经济自身发展的规律和体现流域经济发展的特色,等等。

基于上述分析,本文构建了长江经济带世界级产业集群筛选的如下七项原则(见表4)。

表4 长江经济带世界级产业集群筛选七原则

原则	具体内容
1. 绿色发展	依照《纲要》关于"生态优先、绿色发展,共抓大保护,不搞大开发"的战略定位,《意见》关于"资源节约、环境友好、绿色低碳"的发展理念,以及《方案》的有关精神
2. 集聚集约	拥有全球较高空间集聚度和国内外关联度,已形成国家级高技术产业基地
3. 市场规模	国内顶级,国际具有明显的市场规模优势
4. 品牌	拥有较高国际知名度和国际影响力的自主品牌、核心技术和龙头企业
5. 产业口径	全产业口径,涉及一二三次产业、跨界产业、新兴产业业态
6. 流域特色	符合流域经济发展规律和流域发展特色
7. 统计基础	以行业或者细分行业为数据统计基础

（二）筛选指标

本文出于统计资料的完整性、可比性和可获得性的考虑,共选取了2014年沿江11省市三次产业的51个行业的相关数据,包括农林牧渔等4个农业行业、41个工业行业和交储邮、批发零售、住宿餐饮、金融、房地产、旅游等6个服务业行业的10项具体指标,以综合反映长江经济带现有产业集群的规模、优势产业、空间集聚、产业关联度、生产效益、资本效益、国际化程度、品牌竞争力和创新能力等九个方面的基本状况（见表5）,并通过10项指标值的平权加和得出综合评分。

表5 沿海重点中心镇区镇合一管理体制建立情况

指标	具体内容
市场规模	1. 行业产值占全国比重
优势产业	2. 区位商
空间集聚度	3. 空间基尼系数
产业关联度	4. 灰色关联度
人员效益	5. 行业全员劳动生产率/全国平均

续表

指标	具体内容
资本效益	6. 总资本贡献率
国际化程度	7. 外资依存度
	8. 全球500强企业数
品牌竞争力	9. 世界品牌500强数
科技进步贡献	10. R&D经费占行业产值比重

（三）遴选结果

从41个工业行业的筛选情况看,总得分排序在1至20位的行业依次为：汽车、钢铁、仪器仪表、电气机械、酒饮料、其他制造、烟草、化纤、有色金属、计算机、石油加工、水生产、交通运输、纺织服装、化工、专用设备、通用设备、印刷、建材、纺织业(见表6)。其中,钢铁行业尽管综合排名第二,仅次于汽车制造业,但其国内市场规模远小于京津冀,不符合具有国内顶级市场规模、空间集聚度高的筛选原则;酒饮料和烟草行业虽占全国50%以上的市场份额,化工和有色金属行业也占据了全国40%左右的市场份额,但上述4行业的空间集聚程度均较一般,石油加工行业亦然。此外,从流域生态环境保护、人类健康和行业可持续发展等视角考量,上述5个行业都不同程度地存在着产能过剩、污染严重、有害健康等方面的问题,不符合世界级产业集群的本质特征及其政策导向,因而不宜考虑。

表6 长江经济带41个工业行业筛选指标综合得分前20名排名

行业	总分	排名	市场份额(%)	区位商	基尼系数(%)	全员劳动生产率(%)	总资产贡献率(%)	产业关联度(%)	外资依存度(%)	R&D经费支出(%)	全球500强品牌	全球500强企业
1. 汽车制造	681.24	1	24	24	17	35	7	10	13	8		1
2. 黑色金属冶炼	647.33	2	27	27	23	18	35	9	28	10		1
3. 仪器仪表制造	523.28	3	1	1	2	2	12	22	27	2		

续表

行业	总分	排名	市场份额（%）	区位商	基尼系数（%）	全员劳动生产率（%）	总资产贡献率（%）	产业关联度（%）	外资依存度（%）	R&D经费支出（%）	全球500强品牌	全球500强企业
4. 电气机械制造	520.58	4	9	9	7	5	17	3	21	9	1	
5. 酒、饮料和精制茶	503.39	5	5	5	25	19	4	19	23	30	1	
6. 其他制造	472.39	6	2	2	16	14	25	30	15	28		
7. 烟草制品	453.42	7	3	3	19	6	2	18	39	35		
8. 化学纤维制造	431.28	8	8	8	1	7	32	20	6	7		
9. 有色金属冶炼	417.56	9	13	13	24	11	30	4	29	25		2
10. 计算机通信设备	414.85	10	18	18	5	16	24	1	4	5		
11. 石油加工	414.49	11	40	40	27	1	40	15	26	14	1	
12. 水的生产和供应	410.03	12	4	4	30	8	39	38	20	33		
13. 铁路等交运设备	409.28	13	6	6	13	12	34	5	32	4		
14. 纺织服装、服饰	396.20	14	12	12	6	10	13	16	12	21		
15. 化学原料和制品	392.80	15	15	15	21	20	22	2	2	11		
16. 专用设备制造	390.75	16	14	14	12	24	27	7	17	3		
17. 通用设备制造	389.66	17	22	22	8	30	23	13	8	6		
18. 印刷业	385.11	18	10	10	22	9	11	29		24		

续表

行业	总分	排名	市场份额(%)	区位商	基尼系数(%)	全员劳动生产率(%)	总资产贡献率(%)	产业关联度(%)	外资依存度(%)	R&D经费支出(%)	全球500强品牌	全球500强企业
19. 非金属矿采选	373.43	19	7	7	26	32	10	32		29		
20. 纺织业	371.76	20	23	23	4	28	18	6		15		

数据来源:根据沿江11省市统计年鉴(2015)和《中国工业统计年鉴2015》整理。

通过有效扣除上述6个排名靠前的工业行业和其他制造业,以及排名垫后的印刷、建材和纺织业,长江经济带的汽车、仪器仪表、电气机械、化纤、计算机与通信、水生产、交通运输、纺织服装、专用设备、通用设备等十个工业行业具有比较突出的集聚特征、综合优势和市场竞争力,可以作为培育世界级产业集群的遴选对象。

从4个农业行业的筛选情况看,其行业综合排名依次为渔业、林业、农业和畜牧业(见表7)。本文一是充分考虑到我国是世界第一人口大国,农业生产关乎国计民生的极端重要性以及我国农产品所占世界供销市场的巨大份额;二是充分考虑到长江沿岸的三大平原、四大淡水湖泊地区是我国最为重要的粮食作物、经济作物和淡水渔业主产区的重要战略地位;三是充分考虑到长江经济带"现代农业"的现有发展水平和未来发展潜力。2013年我国现代农业创新力百强企业中,沿江11省市共占据了36家,其中主营生物育种5家,主营农机、灌溉装备11家、智能农业6家,特别是在杂交水稻研究领域长期处于世界领先水平。故此,本文将现代农业纳入长江经济带世界级产业集群的遴选名单。

表7　2014年长江经济带农业各类指标综合得分排序

行业	总得分	排序	市场份额(%)	排序	区位商	排序	基尼系数	排序	产业关联度	排序	外资依存度(%)	排序
渔业	191.07	1	45.43	2	1.20	1	0.25	1	0.6365	3	0.64	3
林业	174.33	2	45.71	1	1.12	2	0.16	3	0.6150	4	0.62	4
农业	151.16	3	38.35	3	0.98	3	0.14	4	0.8097	1	0.81	1
畜牧业	137.71	4	38	4	0.83	4	0.16	2	0.7051	2	0.71	2

从6个服务业行业的筛选情况看,其行业综合排名依次为交储邮、房地产、金融、批发零售、住宿餐饮、旅游业(见表8)。其中,排名第一的交储邮主要得益于依托长江黄金水道所带来的综合交通优势以及近年来沿江港航物流业的快速发展,占据着全球内河航运的巨大市场份额,并具有凸显流域经济发展特点的巨大发展潜力;房地产业虽然排名第二,但该行业正处于去库存、挤泡沫的关键时期,有违可持续发展的筛选原则;排名第三的金融业虽然有较好的发展基础,但其现有市场份额和空间集聚程度等都达不到国内顶级水平和国际一般水平的筛选原则;排名第四的批发零售业则与现代物流业关系密切;住宿餐饮业和旅游业尽管排名垫底,但两者之间存在着很高的产业关联性和巨大的未来发展潜力,两者排名靠后的主要原因均在于缺乏有全球影响力的领先企业。

表8 2014年长江经济带服务业各类指标综合得分

行业	总得分	排序	市场份额(%)	排序	区位商	排序	基尼系数	排序	全员劳动生产率比全国平均	排序	产业关联度	排序	外资依存度(%)	排序	全球500强企业
交储邮	701.54	1	42.06	4	3.62	1	0.24	2	1.02	4	0.7077	5	0.71	5	1
房地产	645.25	2	33.53	6	0.81	6	0.21	4	3.33	1	0.7596	3	0.76	3	1
金融	630.48	3	40.88	5	0.91	5	0.24	3	1.00	5	0.7386	4	0.74	4	3
批发零售	421.01	4	43.04	3	1.03	4	0.17	5	0.97	6	0.6016	6	0.60	6	1
住宿餐饮	400.24	5	53.84	1	1.20	2	0.14	6	1.24	2	0.8793	2	0.88	2	
旅游	383.33	6	49.80	2	1.08	3	0.24	1	1.10	3	0.9060	1	0.91	1	

此外,在移动互联网、大数据、云计算等网络技术支撑和"互联网+"等新型产业模式的影响带动下,近年来信息服务业在沿江各省市异军突起,发展极其迅猛,相继涌现出电子商务、互联网金融、新媒体等一批新兴产业业态和阿里巴巴、携程、苏宁云商、贵州大数据中心等一批电商龙头企业和信息综合服务平台,产业发展前景极其广阔。

综上,根据筛选原则和对长江经济带三次产业51个行业综合得分情况的排摸分析,本文最终从中遴选出并聚焦归并为10个产业集群,作为世界级产业集群的重点培育对象。它们分别是:电子信息产业集群、高端装备产业集群、汽车产业集群、家电产业集群、纺织服装产业集群、绿色能源产业集群、港航物流产业集群、信息服务产业集群、旅游休闲产业集群,以及现代农业与特色农业产业集群(见表9)。

表9　长江经济带世界级产业集群遴选结果

行业	世界级产业集群集群
仪器仪表制造(3),计算机通信设备制造(10)	1. 电子信息产业集群
交通运输设备(13)、专用设备(16)、通用设备(17)仪器仪表(3)	2. 高端装备产业集群
汽车制造(1)	3. 汽车产业集群
电器机械和器材(4)	4. 家电产业集群
化学纤维(8)、纺织服装(14)、纺织(20)	5. 纺织服装产业集群
水的生产和供应(12)	6. 绿色能源产业集群
交通仓储邮电、批发零售	7. 港航物流产业集群
(互联网)金融	8. 信息服务产业集群
旅游、住宿餐饮	9. 旅游休闲产业集群
种植业、林业、渔业、畜牧业	10. 现代农业与特色农业产业集群

四、讨论与结论

(一)必须依据"生态优先、绿色发展"的首要原则选择世界级产业集群

长江是中华民族的母亲河,长江经济带既是中国经济社会发展的重要支撑带,也是中华民族的重要生态屏障。近些年来,随着沿江地区趋强的人类活动,长江流域已经出现了比较严重的生态"透支"现象,并且面临着生态"赤字"持续恶化的巨大风险。因此,长江流域的"大开发"首先必须由"大保护"来保驾护航,沿江世界级产业集群的遴选、培育和未来发展都必须遵循"生态优先、绿色发展"的根本原则,都必须建立在长江流域自然承载力的允许范围之内,都必须以中华民族千秋万代的可持续发展为前提条件。从这一根本原则出发,本文遴选出来的十大世界级产业集群可以分为两类,一类属于人与自然和谐共生的产业集群,如现代农业、旅游休闲、绿色能源、信息服务、港航物流等;另一类则属于通过高科技、智能化、知识化、低碳化可以实现节能降耗、节约集约资源的产业集群,如电子信息、高端装备、汽车、家电和纺织服装,等等。

(二)必须呈现流域经济自身特点,形成集聚与分异相结合的点—块—带状产业集群集聚区

作为典型的流域经济地区,长江经济带有别于一般区域经济的主要特征有二:一是极其鲜明的上中下游之间功能迥异的地域多样性特征;二是上中下游之间极其紧密的"一损俱损、一荣俱荣"的自然—经济—社会联系。这就决定了建设长江经济带的世界级产业集群必须充分发挥上中下游地区各自的资源禀赋优势和产业互补特点,在地域分工合作的基础上不断强化彼此之间的产业协同协作,在空间分布格局上则从点状、块状的产业集群逐步延伸拓展至带状分布的产业集群集聚区(带)。与此同时,还要格外注重上中下游地区产业集群之间以及产业发展与社会经济、环境生态之间紧密的关联性,在培育和打造世界级产业集群的过程中不断促进流域自然—经济—社会系统的绿色、协调发展。

(三)流域世界级产业集群的遴选必须与三部委"5+10"产业集群框架体系相衔接

2016年3月国家发展改革委等三部委联合下发的《方案》,明确提出了长江经济带需要重点打造五大世界级产业集群和十大新兴产业集群的战略任务,成为本文研究的一个重要政策参考依据。为此,本文经过认真的分析思考和筛选比对,在十大世界级产业集群中进一步细分确定了28个重点发展领域,成功实现了与三部委"5+10"产业集群框架体系的衔接。

南通大学江苏长江经济带研究院　成长春

华东师范大学　王　曼

江苏如何抢抓长江经济带建设机遇

2014年底,习近平总书记在视察江苏时提出"调高调轻调优调强"的发展思路,以及近年来国家推进"一带一路"、长江经济带建设等重大战略,为江苏经济的转型升级提供了更宽的思路、更大的空间和更强的支撑。

一、长江经济带建设下江苏经济转型升级的机遇与挑战

新一轮长江经济带建设对江苏经济转型升级带来重大历史机遇:一是国家层面相关重大战略部署的加快制定和实施,为江苏经济增长动力的转换与新旧接续带来政策机遇;二是长江上中游广阔的经济腹地为江苏经济增长拓展了空间;三是随着世界第三次工业革命浪潮的到来,江苏引领长江上中游地区参与国际分工,有利于重塑产业空间格局,推动产业链层次提升。

与此同时,在经济新常态的大背景下,全省经济转型升级也面临着一定的挑战。一是产业经济的结构性矛盾依然突出。制造业大而不强、强而不优;服务业尤其是现代服务业的发展缓慢;外向型经济呈现疲软态势;农业经营规模小,产业化经营水平不高。二是经济内生增长动力不够强劲。投资拉动经济增长的边际效益明显递减,主要依靠内需拉动经济增长的格局尚未真正形成,创新驱动新格局、新动力尚在积极培育之中。三是经济资源要素的配置空间和配置效率有待进一步拓展与提高。优势产业的外部规模经济和范围经济效应不够理想;行业龙头骨干企业区际扩张、沿江拓展的意愿和动力不强;省域中心城市的区域辐射扩散、服务带动作用不够突出,南京的沿江中心城市地位仍待进一步确立。

二、推进江苏经济转型升级的对策建议

构建"东西互补、江海联动、双向开放、共赢发展"的经济发展新思路。一是抓住江苏经济转型升级压力与中上游加快发展需求的互补性。通过企业走出去、园区共建等多种途径,促进江苏产业梯度转移、上中游产业有序承接、战略性新兴产业共同发展。二是用好长江上中下游地区生产要素配置的互补性,促进江苏产业、经济要素西移与上中游资源能源东送的双向流动新态势。三是挖掘长江上中下游地区优势产业的互补性。凭借以长江黄金水道为天然纽带且发展日臻完善的区域市场体系和综合交通运输体系,共同培育打造全流域共同参与国际国内竞争的现代产业体系和统一市场体系。四是抓住东西双向开放的互补性。依托长江黄金水道向西打通中巴、中印缅经济走廊;依托陇海—兰新线对接丝绸之路经济带,打通从太平洋到波罗的海的国际运输大通道;依托21世纪海上丝绸之路进一步开拓东南亚、南亚和非洲市场。

强化先进制造业和现代服务业的区域引领带动。一是继续强化优化江苏作为长江经济带工业龙头大省的优势地位。加大对传统制造业的改造升级力度和沿江转移力度。二是紧紧对接上海市"4+1国际中心"建设,助力江苏现代服务业大发展。如对接上海自贸区建设,对接上海国际航运中心建设,对接上海全球科技创新中心建设。三是积极实施"互联网+"行动计划。大力拓展互联网与本省社会经济各领域的深度融合,建立以数字化车间为代表的现代生产体系,打造一批智能工厂。同时以"互联网+"为支撑,促进企业全流程互联互动。

促进行业龙头骨干企业的跨地区辐射结盟。一是鼓励江苏企业特别是龙头骨干企业走出去。鼓励企业通过市场化投资方式参与跨地区、跨国界兼并重组。可借鉴推广上海港务集团2001年起实施的"长江战略"的成功经验,积极鼓励本地龙头骨干企业到沿江各地及国内外建厂布点。二是依托长江黄金水道,重点培育大型港航物流企业。南京要重点打造大型综合性港航物流企业集团;苏州、南通着力形成一批特色货种储运企业。三是聚

焦企业品牌质量双提升。持续培育国际竞争力强、影响力大的自主创新品牌企业;支持行业龙头企业主导或参与国际、国家或行业标准制定;加快工业智能机器人、增材制造等先进技术在生产过程中的应用。

推动异地园区的联合共建。一是积极组建沿江跨地区的园区联盟。继续加大江苏三大区域板块之间、江苏与上海之间以及与境外合作共建园区建设的力度,并借鉴"长三角园区共建联盟"的组织管理模式,推动组建沿江跨地区联合共建园区联盟。二是推进高新园区建设的创新能力。在深化科技体制改革、建设新型科研机构、科技资源开放共享,以及在与沿江省市联合组建大型工业技术创新项目联合体和区域协同创新等方面进行积极探索,建立政产学研金用协同创新体系。三是依托园区,与沿江省市共同搭建跨地区产业合作与科技创新的利益共享、协同创新等六大机制和打造新型科研创新平台等五大平台。

打造南京等沿江中心城市总部经济集聚区。一是打造南京江北新区总部经济集聚区。积极吸引跨国企业、沿江企业和本省企业总部落户江北新区。二是做好与上海、武汉、重庆总部经济的嫁接、配套与联动。做好上海总部经济发展过程中的产业配套与产业联动,积极吸引与制造业相关的国内外生产性组织总部、技术应用研发总部等落户南京、苏州等市;并与长江中上游的武汉、重庆总部经济集聚区互动衔接,共同打造长江流域总部经济集聚带。三是加强国际产业融合力度。以苏南国家自主创新示范区建设为契机,重点加快苏锡常城市群群内、群外的产业分工合作和基础设施建设与联通,深度推动产城融合,不断提升苏锡常城市群的全球生产网络节点城市地位。

协作共促区域一体化市场体系。一是推动形成省内三大区域板块跨江融合发展新格局。以打造快捷的跨江交通网络和信息共享平台为支撑,加快苏南产业、技术、人才、资金、管理向苏中、苏北地区的转移步伐,着力推进沪嘉苏通经济圈的一体化、同城化建设。二是政府搭台、企业唱戏,规划引领,建立区域联动发展新机制。积极推进江苏与沿江各省市在沿江联动发展中的协调磋商机制。三是以流域整体视野构建综合立体交通网络体系。

以南京港、苏州港、南通港和连云港港为重要节点,加强江苏沿江港口联盟和沿海港口联盟建设。四是多管齐下、联防联治,共建长江绿色生态廊道。积极参与长江全流域以水污染治理为核心的环境综合治理工作;协调长江生态跨区域监管。利用江苏现有优势,在水权、碳排放权、排污权交易方面率先进行市场化探索,力争相关交易中心在江苏落地。

文章来源:《新华日报》(2016年1月5日思想版)
课题负责人:南通大学江苏长江经济带研究院　成长春
执笔人:华东师范大学　徐长乐
主要参加人:南通大学江苏长江经济带研究院　陈长江
南通大学江苏长江经济带研究院　冯　俊
南通大学江苏长江经济带研究院　周威平
南通大学江苏长江经济带研究院　杨凤华

加快扬子江城市群落融合发展

扬子江城市群是长江流域中江苏城市群的特定称谓，地理识别性强，对内对外容易传播，并富有历史文化内涵。以"扬子江城市群"来一体化整合江苏沿江区域发展，能够彰显长江经济带和长三角城市群国家战略实施中的"江苏标记"和江苏承载的战略使命。

城市群是推进城镇化的主体形态，并非只是空间分布上相对集中的几个城市的简单叠加。目前，我国城市群普遍存在重形态建设、轻实质发展的问题，多数城市群只是在空间分布上相对集中的"一群城市"，或几个并列城市的简单叠加。因此，要以"城市群落"形态推进城市群建设，全面提升城镇化质量需要将城市群内不同性质、规模、等级、职能的城市联结形成更高一级的有机体，使城市群拥有类似于生物群落的竞争、附生、共生等生态属性，即城市群落。

扬子江城市群要以城市群落为建设方向，以融合发展为建设路径。其融合发展的具体内涵是指促进城市之间通过产品、要素、交通、政治、文化、技术、信息等的功能联系形成城市生态网，由稳定而共利的生态网促进城市群内城市之间、城乡之间以及人与自然之间协调性均衡发展，最终建成"紧凑型城市、开敞型都市圈、网络化城市群落"。

当前，扬子江城市群落融合发展主要面临以下问题：布局与规划的整体性亟须加强；区域间城市化进程具有明显差异；产业同构现象严重，没有形成正常的、对称的市场进入和退出机制；生态环境问题日益突出，沿江生态环境受损、环境承载力与经济社会发展矛盾突出；制度性障碍影响凸显，城市间横向协作、生产要素流动不畅。为此，要以下五个举措为重要抓手。

第一,要树立生态优先理念,建立绿色扬子江城市群落。优先考虑城市之间的生态枢纽、生态基础设施以及生态文明联系,促进城市群落生态循环链的健康发展。以产业转移为抓手,用高端低碳的产业引领沿江发展,推动沿江地区从"单一自然生态系统保护"向"复合生态系统保护与发展"转变。坚持融合共生,在城市圈内共享生态服务,实现城镇与生态建设双向渗透,城乡经济环境发展一体化。坚持绿色创新,健全和完善绿色环境评价体系,建立江苏9市碳排放市场。

第二,建设网络化区域基础设施,强化江北城市中心性建设。突出交通主轴连接:推动江苏9市轨道交通主轴对接,尤其注重跨江通道的形成和沿江两岸的通勤化综合立体交通网络建设。推动江北城市交通中心化:强化扬、泰、通、盐的交通中心性特征。加强区域信息共享合作:建立城市群内统一的政府公务信息、企业信用评级、信用监管平台。强化港口枢纽之间的协调:加快推进南京—太仓—南通港—通州湾港口一体化,完善基于矿石和原油的江海联运系统。

第三,推进社会服务体系的区域共建共享。包括建立综合性信息共享平台、跨区域同业行业协会,建立公共服务协调机制,建立跨区域的文化科技类社团,建立统一开放的人才市场体系,建立统一的资格认证、质量检测机构,建立代表扬子江区域的对外交流民间团体。

第四,实现都市圈内同城化。主要包括交通基础设施的同城化、产业布局的同城化、环境保护同城化、居住的同城化等方面。交通基础设施的同城化,即以区域内高铁、城轨建设为契机,形成城市圈内部主要节点的"一小时通勤圈"或者"半日通勤圈"。产业布局的同城化,即加强都市圈内产业链分工合作。环境保护同城化,即推进污染共防共治,包括共同规划、共同监测、共同处罚、共同建设、共同出资、共同补偿等,严防临界污染和跨界污染。居住的同城化,即突破地区分割的民生保障体制机制,加强医疗、保险、公共治安等的对接,加快将就业扶持、退休待遇、公共福利设施建设等纳入都市圈一体化发展考量中。

第五,基于空间节点有序化原则,重构城乡空间格局,推动城市之间的

连绵发展:一是构建"中心镇—中心村—基层村"的网络结构。二是开展村庄布点规划,彻底扭转目前乡村居民点分散、规模小,土地浪费严重的局面。基于城乡共建共享原则,重构村镇交通设施网络。基于城乡产业分工,重构村镇产业空间体系:使工业逐步从中心城市扩散给卫星城镇,同时使分散的农村工业向中小城镇产业园区集聚。

文章来源:《新华日报》(2017年4月13日智库版)

南通大学江苏长江经济带研究院　成长春

培育长江经济带世界级产业集群

改革开放以来,长江经济带已发展成为我国综合实力最强、战略支撑作用最大的区域之一。

2016年3月2日,三部委联合印发的《长江经济带创新驱动产业转型升级方案》明确提出,长江经济带要在五大重点产业领域和十大具有广阔市场前景的新兴产业领域培育世界级产业集群。

世界级产业集群是以国际先进发展理念为引领、拥有全球竞争力和世界品牌的产业集群。为保持国际竞争力,世界级产业集群不断用先进发展理念引领产业转型升级,并将推进绿色发展作为当前重要的升级与演进方向。以美国硅谷高科技产业集群为例,该集群中不同类型的高科技企业为了缓解节能压力,均结合自身实际积极探求绿色化出路。首先,传统的硬件制造商一方面在核心处理器的电子元件采购上尽量选用节能减耗的材料,另一方面通过绿色化硬件的核心芯片来绿色化外部设备。其次,以整机和系统为产品的供应商,采用更加节能的手段进行系统组装。最后,以软件设计为核心的企业,在软件开发中注重设计节能减耗的功能模块。

培育长江经济带世界级产业集群,需要紧跟世界级著名产业集群日益呈现出的绿色升级潮流,走出一条绿色低碳循环发展之路。

第一,加快制定环境准入负面清单。由环保部牵头抓紧编制《长江经济带生态环境保护规划》,形成长江经济带"共抓大保护"的顶层设计,划定沿江各省市生态保护红线,确定开发边界和开发强度,明确重点产业、重点企业污染物的排放总量上限和阶段性目标,结合上中下游地区主体功能区的规划要求,提出差别化的环境准入条件,制定长江沿线不同地区重点产业发展的负面清单。依法开展《长江经济带发展规划纲要》的规划环评,确定开

发边界和开发强度,制定空间开发规划的生态空间清单和限制开发区域的用途管制清单,以流域资源环境承载力统筹重点产业发展决策。

第二,加快形成绿色化的生产方式。推进长江经济带重点制造业开展生态设计、研发推广核心关键绿色工艺技术及装备、推行清洁生产、发展循环经济、打造绿色园区,变革能源利用方式,强化节能减排和节水技术改造,完善能效、水效、排放和资源综合利用等标准。培育一批具有自主品牌、核心技术能力强的绿色龙头骨干企业,将绿色管理贯穿于企业研发、设计、采购、生产、营销、服务等全过程,力争单位产品能耗达到并优于世界先进水平。推进长江经济带重点服务业服务主体生态化、服务过程清洁化、消费模式绿色化,积极发展绿色金融、绿色物流等生产性服务新业态新模式,努力在国际分工中构筑新的竞争优势。

第三,加快实现园区环境管理战略转型。长江经济带重点产业园区要从规划环评、集中治污、区域协同等方面入手,创新园区环境管理方式,最大限度实现环境保护与产业发展共赢。一是积极做好长江经济带重点产业园区规划环境影响的跟踪评价与核查。二是在沿江园区,通过引入环境服务公司,对园区企业污染进行集中式、专业化治理,开展环境诊断、生态设计、清洁生产审核,实施园区循环化改造,提升污染治理水平。三是紧扣主体功能定位,调整和优化上中下游园区产业布局,推进长江经济带重点产业绿色协调发展。

第四,加快推进国际交流合作。在推动长江经济带重点产业发展中,要把握"一带一路"建设机遇,充分利用多边和双边合作机制,紧跟全球绿色发展潮流,肩负起共同维护全球生态安全的重任,推进绿色经济与科技国际合作,全面提升重点产业领域绿色发展的国际交流层次和开放合作水平,积极推动建立公平、透明、合理的全球绿色发展新秩序,加快实施国际环境绿色标志认证。

文章来源:《新华日报》(2017年4月13日智库版)
南通大学江苏长江经济带研究院　杨凤华
[本研究报告系国家社科基金一般项目"长江经济带城镇化与产业协同发展问题研究"(15BJL038)阶段性成果]

走绿色发展之路 打造黄金经济带
——第三届长江经济带发展论坛观点集萃

由光明日报智库研究与发布中心、上海社会科学院、南通大学共同主办的第三届长江经济带发展论坛暨长江经济带绿色发展学术研讨会日前在江苏南通举行。来自全国各地的近百位专家学者就"长江经济带绿色发展"这一主题展开探讨。本版特摘录精彩观点,与读者共享。

全国人大常委会原副委员长顾秀莲:做好顶层设计下的发展规划

习近平总书记多次强调,推动长江经济带发展,坚持生态优先、绿色发展,涉及长江的一切经济活动都要以不破坏生态环境为前提,共抓大保护、不搞大开发,共同努力把长江经济带建成生态更优美、交通更顺畅、经济更协调、市场更统一、机制更科学的黄金经济带。

加快推进长江经济带绿色发展,要守住生态和发展两条底线,做好顶层设计下的发展规划,在保护生态的前提下实现更高质量、更有效率、更加公平、更可持续的发展。依托"长江经济带发展论坛",可围绕推动长江经济带发展迫切需要回答的重大问题开展理论和实践研究,发挥学者才智,为长江经济带的绿色发展、科学发展建言献策,引领和推动长江经济带发展取得更大成效,让中华民族母亲河永葆生机活力。

中国国际经济交流中心总经济师陈文玲:
实现长江经济带绿色发展的五种思维

底线思维。要坚守长江经济带的人口承载力、土地承载力和环境承载力。

红线思维。在地方行政考核中,要让对绿色发展的评价对官员的政绩考核起到重要作用。比如长江流域经济带的森林覆盖率、大气质量、地表水环境等,都应成为保证未来发展的红线。

战略思维。应将长江经济带作为整体进行考量,将其建设成为我们国家对外开放的高地。

可持续思维。国家级自然保护区、饮水水源的一级保护区等都应列入禁止开发区域。选择中高端产业,形成长江经济带新的梯度转移、梯次转移。

创新思维。各省市要联手创造新的模式。

中国区域经济学会会长金碚：建设长江经济带，政府须积极有为

建设长江经济带,政府要处理好三个问题：

安排好各政策目标的优先顺序。在长江经济带发展规划中,生态环境提升为第一优先政策目标。但这不意味着可以顾此失彼,必须对各政策目标进行合理权衡和安排。

让价值目标与工具理性间形成激励相容性。当进行制度设计和政策安排时,使价值目标与工具理性之间形成激励相容性,具有重要意义。要使居民有条件在青山绿水蓝天中享受富足的生活。

处理好市场决定与政府作用的关系。在区域发展上,政府在许多领域和方面都发挥着主导性或引导性作用。各地政府要慎用巧用政策手段,其本质是要处理好发挥市场在资源配置中的决定性作用和更好地发挥政府作用之间的关系。例如,长江经济带发展规划所提及的修复和保护生态环境、建立创新型现代产业体系等,都是政府必须积极有为实现的目标。

南京大学江苏长江产业经济研究院院长刘志彪：
以供给侧结构性改革主导长江流域重化工业调整

推动长江经济带发展要把保护修复长江生态环境放在首位,但推进能源重工业化发展却是我国无法避免的历史和现实选择。为解决这一问题,须进行供给侧结构性改革,特别要注意以下十个方面：我国大国发展中经

济的特点决定了无法回避能源重化工业发展阶段;能源重化工业同样应走科学发展、和谐发展、绿色发展之路;机械电子工业应是重化工业的主要内容;长江经济带应为宜于人居的经济聚集带;必须彻底改革传统的地方增长优先、分割的体制机制;必须建立和完善长江生态补偿机制;解决好中央和地方财政分权体制的内在矛盾,建立修复和保护长江生态环境的激励约束机制;不能低估长江流域环保过程中的"邻避主义"困难;先污染后治理的老路不能再继续下去;改变分散竞争的格局,才能实现长江沿线沿海重化工业的自动产业聚集。

南通大学党委书记、江苏长江经济带研究院院长成长春:打造长三角世界级城市群城乡融合发展样本

要从五方面重点着力,解决长三角城市群落融合发展难题:

建立绿色扬子江城市群落。用高端低碳产业引领沿江发展,在城市圈共享生态服务,实现城镇与生态建设双向渗透,经济环境发展一体化。

建设网络化区域基础设施,强化江北城市中心性建设。突出交通主轴连接,推动江北城市交通中心化,加强区域信息共享合作,强化港口枢纽之间的协调。

推进社会服务体系的区域共建共享。建立综合性信息共享平台、跨区域同业行业协会,建立统一开放的人才市场体系和统一的资格认证、质量检测机构。

实现都市圈内同城化。主要包括交通基础设施同城化、产业布局同城化、环境保护同城化等。

重构城乡空间格局。构建"中心镇—中心村—基层村"的网络结构;开展村庄布点规划;重构村镇交通设施网络和村镇产业空间体系。

会上,来自相关省区市的智库专家,立足本地发展现状,结合区域整体格局,为长江经济带的发展建言献策。

青海师范大学校长刘同德提出,青海要积极融入长江经济带,助力绿色生态新走廊。要构建好长江源头区重要的生态安全屏障。青海太阳能等资源丰富,可实现水电、光热、光伏、风电的优势互补运行。加强基础设施融入

和流域区省际互动,开展对口支援。

四川省社会科学院副院长盛毅表示,要推动长江中上游大城市集约发展,把不分层次地集聚要素数量转变为着重集聚中高端要素;把平面推进的城市开发转变为立体推进的城市开发;把摊大饼式的布局方式转变为组团式的布局方式;把偏重生产功能的配置转变为兼具良好生活功能的配置;把单个城市的独立集聚转变为网络型城市体系的集聚;把城市大量废弃排放物转变为可以综合利用的资源。

重庆社会科学院副院长张波认为,要用绿色生活方式引领绿色生产方式变革,以集约化促进循环化。严格实施主体功能区制度,加快建立长江流域生态补偿机制。建立差异化的考核机制,形成系统有序的产业布局和产业转移。

湖北省社会科学院副院长秦尊文建议,应创新长江经济带绿色发展的体制机制。深入推进生态长江法治建设,加快《长江保护法》的立法进程。坚决实施主体功能区制度,健全生态文明建设的政府责任机制。健全推进绿色发展的市场机制和建立健全绿色产业发展促进机制。推进环境管理体制机制改革,完善公众广泛参与机制和生态环境保护合作机制。

江苏省社会科学院副院长吴先满提出长江经济带建设的二重生态观观点,认为仅强调人与自然关系的建设生态观已远远不够,唯有社会需要、自然资源与生态环境之间取得相互尊重,才能实现效率、和谐与永续发展。为此,要发展绿色经济建立绿色社会、秉承绿色文化、探索绿色行政。

上海社会科学院副院长王振指出,长三角在长江经济带绿色发展中应发挥四大作用。绿色创新的驱动作用,通过开放创新和协同创新,大力增强绿色生产和绿色治理领域的科技创新能力。绿色产业的支撑作用,依托长三角地区的环保产业集聚优势和市场需要优势,提升环保产业国际竞争力。绿色制造的引领作用,依托科技创新优势和先进制造基础,支持更多企业建立绿色制造系统和标准。绿色治理的示范作用,发挥先行者的示范效应,对接国际最高标准,积极探索建设具有中国特色的绿色治理文明。

文章来源:《光明日报》(2017年4月27日第11版)

国内智库齐聚长江经济带发展论坛，把脉长江绿色发展

——实现绿色发展须"巧勾勒""善留白"

长江流域要加强合作，充分发挥内河航运作用，发展江海联运，把全流域打造成黄金水道。

——2013年7月，习近平在湖北武汉考察时的讲话

推动长江经济带发展必须从中华民族长远利益考虑，走生态优先、绿色发展之路，使绿水青山产生巨大生态效益、经济效益、社会效益，使母亲河永葆生机活力。

——2016年1月，习近平在推动长江经济带发展座谈会上的讲话

推动长江经济带发展，理念要先进，坚持生态优先、绿色发展，把生态环境保护摆上优先地位，涉及长江的一切经济活动都要以不破坏生态环境为前提，共抓大保护，不搞大开发。

——2016年1月，习近平在中央财经领导小组第十二次会议上的讲话

在发展与保护的问题上，总会存在二选一的"两难"，甚至多选一的"多难"，长江经济带也不例外。在日前举办的第三届长江经济带发展论坛上，国内多家智库齐聚南通大学，围绕"长江经济带绿色发展"的主题，就如何发挥区域协作力量，均衡推动长江经济带绿色产业、绿色城镇、绿色交通和绿色生态廊道建设，加大有效制度供给等话题进行了深入探讨。

2016年1月，习近平总书记在重庆召开推动长江经济带发展座谈会时指出，"要把修复长江生态环境摆在压倒性位置，共抓大保护，不搞大开发"，"推动长江经济带发展必须从中华民族长远利益考虑，走生态优先、绿色发展之路"，充分显示了党中央对生态环境保护和生态文明建设的高度重视。

如今,坚持绿色发展已成为长江经济带建设的基本共识和指导方针。在这一背景下,此次论坛明确"绿色发展"的主题,是继首届长江经济带发展论坛聚焦"跨区域合作"、第二届论坛探讨"世界级产业群建设"之后,国内智库从生态文明的视角对长江经济带发展的一次全方位审视与思索。

"绿色是长江流域的底色,生态是长江经济带发展的保障。"应邀出席本次论坛的全国人大常委会原副委员长顾秀莲在致辞中指出,长江流域是我国的经济重心之一,也是我国重要的生态宝库。坚持绿色发展既是关系人民福祉的重要工程,也是关乎民族未来的长远大计。

她表示,加快推进长江经济带绿色发展,要牢牢守住生态和发展两条底线,坚持生态优先、绿色发展,坚持一盘棋思想、统筹发展,在保护生态的前提下,推动长江经济带实现更高质量、更有效率、更加公平、更可持续的发展。

中国国际经济交流中心总经济师陈文玲在主旨报告中明确提出,长江经济带发展必须坚持"五个思维",即底线思维、红线思维、战略思维、可持续思维和创新思维。十年前对三江源的调研至今令陈文玲难以忘记:当地4 000多个湖泊锐减了一半,雪线在不断下降,整个三江源的生态环境已十分脆弱,"事实上,长江流域的整体承载力都在下降。长江沿线集聚了全国46%的化工产量,每年向长江排放有毒污染物300多种,污染量高达300多亿吨"。

在陈文玲看来,硬约束不硬,生态优先的发展导向就不能真正确立起来。长江经济带的发展就像一幅中国水墨画,不仅需要留白,更要善于留白,"这种留白是要留给后人的"!

中国社科院学部委员、中国区域经济学会会长金碚从工具理性和价值目标的视角,对长江经济带绿色发展的路径选择进行了阐述。他指出,当经济发展到一定阶段时,社会就会对发展的目的与手段产生反思并形成"巨人之惑",长江经济带作为中国经济发展最先进、经济密度最高的地区之一,也将最早遇到这一问题。

"正因为此,长江经济带产业发展必须做出战略抉择,这不仅具有代表性,而且具有先行性,其中最重要的一个问题就是如何实现绿色发展。"金碚表示,政府在工具理性和价值目标上须做出一个权衡,在尊重市场经济规律上做到"积极无为",在生态保护、创新引领等方面要"积极有为"。

南京大学江苏长江产业经济研究院院长、教育部首批长江学者刘志彪则从产业发展的角度回应了社会关切:不要以为重化工业一定就是粗放的,关键在于制度供给是否到位;不要以为长江经济带是一个"运输带"、用水带和耗费资源的消耗带,它应是经济聚集带;不要以为不解决财政分权体制内在的矛盾,就可以把修复和保护长江生态环境的激励约束机制搞对。

"如果只是简单地对地方增长优先体制进行改革,并不能从根本上贯彻落实好长江开发中的新发展理念。"刘志彪表示,对于地方政府而言,当务之急就是要把修复和保护长江当成长江经济带的发展任务来完成,这远比完成一些项目更为重要。

在长江经济带和长三角城市群双重国家规划下,江苏提出了优化沿江城市板块布局、谋划扬子江城市群落融合发展的新思路。对此,南通大学党委书记、江苏长江经济带研究院院长成长春表示,扬子江城市群落地理识别性强,富有历史文化内涵,以扬子江城市群落来一体化整合江苏沿江区域发展,能彰显长江经济带和长三角城市群国家战略实施中的"江苏标记"和江苏承载的战略使命。

成长春表示,扬子江城市群落融合发展目前存在着区域间城市化进程差异明显、产业同构现象严重等问题。一方面应加快推动轨道交通主轴对接,尤其是注重跨江通道的形成和沿江两岸的通勤化综合立体交通网络建设;另一方面在都市圈内试点建设各领域的信息共享系统,以城乡一体化推动城市间的连绵发展。

论坛上,青海师范大学校长刘同德、四川省社科院副院长盛毅、重庆社科院副院长张波、湖北省社科院副院长秦尊文、上海社科院副院长王振等专家分别结合所在区域长江经济带建设进行了交流,并就如何通过体制机制创新有效推进长江经济带绿色发展等议题提出了对策建议。

中国国际经济交流中心总经济师陈文玲：
发展须坚持"五个思维"

陈文玲认为，长江经济带的发展必须坚持底线思维、红线思维、战略思维、可持续思维和创新思维。

所谓底线思维，就是要实现长江的永续利用，而不只是造福当代。长江经济带发展，首先要考虑的就是整个长江沿线的人口、土地、生态环境的承载力。

红线思维，就是从生态环境安全方面设置诸如湿地保有率、污水处理率、大气质量等硬指标，形成绿色发展的硬约束。

战略思维，就是要把长江流域作为中华民族伟大复兴的一个标志性区域，作为对内对外的战略高地，作为东中西发展的一个新的合作模式，充分体现中国智慧和中国力量。

可持续思维，就是长江经济带发展需要大量留白，在产业选择时要考虑国家未来产业的外向选择，用中高端产业来替代中低端产业，形成长江经济带新的产业梯度。

创新思维，就是要把长江经济带打造成能够体现中国现代风貌核心竞争力的一条江，使其成为我们综合国力和经济实力的标志性流域地带。

陈文玲同时表示，从整体上看，长江全流域还存在巨大的生态短板，承载能力比较脆弱，沿线企业每年向长江排放的有毒污染物达300多种。如果长江沿线的产业布局不能得到根本性解决，长江永续发展的底线就不能保证。

"长江是我们的母亲河，如何让它活得更好、活得更长久并永续滋润我们的后人，这是我们国家的一件大事，也是我们面向世界必须交出的答卷。"陈文玲说。

中国社会科学院学部委员、中国区域经济学会会长金碚：抓紧破解"巨人之惑"

金碚认为，长江经济带已成为中国发展最先进、经济密度最高的地区之一，但也面临"巨人之惑"的严峻挑战。

所谓"巨人之惑"，是指当经济发展到一定阶段后，就会对发展的目的产生反思——成为经济巨人必然会造成巨大的"生态足迹"，影响着生态环境。目前，中国正进入工业化中后期阶段，长江经济带产业发展不仅应率先实现向创新驱动增长模式的转变，而且应在技术路线选择上更注重环境友好性，发挥引领作用。

更注重环境友好性，并不是无视竞争力的重要性，而是使产业竞争力更多地体现在其环境友好性上。金碚认为，长江经济带是中国最有条件率先转向这一产业技术路线并破解"巨人之惑"的地区之一。

在政策目标的优先顺序及权衡上，金碚认为，当经济处于落后境地时，发展经济就是第一优先政策目标，而长江经济带发展将生态环境提升为第一优先政策目标，反映了新时期须有新思维和新的优先目标这一政策抉择的客观规律。

"确定政策目标的优先顺序，绝不意味着可以顾此失彼，而是必须对各政策目标进行合理权衡和安排。"金碚表示，发展经济仍是重要目标，发挥长江黄金水道的经济功能，提升长江流域地区的工业化城镇化水平等，也是不可忽视的政策目标。

金碚认为，地区产业发展的战略抉择，现实地体现为如何处理市场决定与政府作用的关系上。一方面政府要"积极无为"，尊重市场的工具主义机理，不要破坏其在资源配置中的决定性作用；另一方面政府也要"积极有为"，更加注重维护价值目标准则，实现区域发展的根本性民生目标和导向，走可持续发展道路。

南京大学江苏长江产业经济研究院院长、教育部首批长江学者刘志彪：
以改革推进长江沿线重化工业调整

刘志彪表示,在推进长江经济带发展的过程中,我们遇到了一个悖论:长江经济带发展要把保护修复生态环境放在首位,但推进能源重工业化发展,却是经济发展无法避免的历史和现实选择。

他认为,要解开这一悖论必须加大对长江经济带的供给侧结构性改革,用最严厉的环保规制,去控制重工业化企业的无序进入,加快推进高排放企业彻底退出,逐步使环境友好型产业在长江经济带中占主导地位。对此,要避免以下认识上的误区:

——不能认为能源重化工业天然的就是粗放发展,就一定等于污染天堂,它也可以走科学发展、和谐发展和绿色发展之路,可以成为"清洁工业";重化工业也不只是石油化工业,机械电子工业也是其主要内容,其中耐用消费品是增长最快的行业。

——不要把长江经济带看成是一个运输带、用水带和资源消耗带,应将其看成是一个宜于人居的经济聚集带,即把人口、市场、产业、城市集中的优势发挥出来,变成黄金经济带。

——不要以为传统的地方增长优先、分割的体制机制不彻底改革,就可以从根本上贯彻落实好长江开发新的发展理念;不要以为不解决好排放的外部性问题内部化,就可以实现金山银山、青山绿水的格局;不要以为不解决中央和地方财政分权体制的内在矛盾冲突,就可以建立修复和保护长江生态环境的激励约束机制。

——不要低估长江流域环保过程中的"邻避主义"困难,不要把在长江流域的发展,理解为工业化、城镇化、信息化、生态化各个阶段的依次递进,先污染后治理的老路不能再继续下去。

——不要以为在分散竞争的格局中,就可以实现长江沿线沿海重化工业的自动的产业聚集。集中、集聚地发展重化工业,尤其是石化工业的集聚化发展,是未来修复保护长江经济带生态环境无法避开的正确选择。

南通大学党委书记、江苏长江经济带研究院院长成长春：打造扬子江城市群落融合发展样本

成长春认为,在长江经济带和长三角城市群双重国家规划下,打造扬子江城市群,促进沿江地区发展能级的整体提升,将成为未来江苏发展的主要增长极。

他表示,以扬子江城市群落来一体化整合江苏沿江区域发展,能够彰显长江经济带和长三角城市群国家战略实施中的"江苏标记"和江苏承载的战略使命。

当前,扬子江城市群落融合发展面临着布局与规划整体性不够、区域间城市化进程差异明显、产业同构现象严重、制度性障碍影响凸显等问题,应从五个方面加以解决：

一是要树立生态优先理念。强调以"生态优先、绿色引领、融合共生、绿色创新"为原则规划建设扬子江城市群落,推动沿江地区从"单一自然生态系统保护"向"复合生态系统保护与发展"转变,实现城镇与生态建设双向渗透。

二是建设网络化区域基础设施,强化江北城市中心性建设。突出交通主轴连接,推动江苏9市轨道交通主轴对接,推动江北城市交通中心化,加强区域信息共享合作,强化港口枢纽之间的协调发展。

三是推进社会服务体系的区域共建共享。包括建立综合性信息共享平台、跨区域同业行业协会,建立公共服务协调机制,建立跨区域的文化科技类社团,建立统一开放的人才市场体系,建立统一的资格认证、质量检测机构等。

四是实现都市圈内同城化。包括交通基础设施的同城化、产业布局的同城化、环境保护的同城化、居住的同城化等方面。

五是基于空间节点有序化原则,重构城乡空间格局,推动城市之间的连

绵发展。构建"中心镇—中心村—基层村"的网络结构,开展村庄布点规划,彻底扭转当前乡村居民点分散、规模小,土地浪费严重的局面。同时,基于城乡共建共享和产业分工的原则,重构村镇交通设施网络和村镇产业空间体系。

文章来源:《经济日报》(2017年4月17日第12版)

协同推进扬子江城市群绿色治理的制度创新建议

摘　要　当前扬子江城市群绿色治理中存在着"各抓小保护"的问题，不利于进一步提升扬子江城市群绿色发展竞争力。为推动扬子江城市群绿色治理模式从"各抓小保护"向"共抓大保护"转变，本文从发挥顶层设计功能、建立统筹协调治理体系、健全统一的红线管控制度、探索流域排污权交易机制、实施网络化环境监管执法五个方面提出了对策建议。

2017年4月7日，第三届长江经济带发展论坛暨长江经济带绿色发展学术研讨会在南通召开，国务院研究室原司长、总经济师陈文玲，中国社会科学院学部委员、工业经济研究所原所长、中国区域经济学会会长金碚，南京大学江苏产业经济研究院院长、教育部首批长江学者刘志彪等知名专家应邀作主旨报告。会议集思广益形成了以一体化治理推进长江经济带绿色发展的相关建议。国家长江经济带规划和长三角城市群规划，均将生态环境保护放在了首要位置。江苏省第十三次党代会提出，良好的生态环境是最公平的公共产品、最普惠的民生福祉。扬子江城市群是江苏对接长三角城市群和长江经济带的重要战略设想。提升绿色发展竞争力是扬子江城市群建设的重要目标，也是江苏贯彻落实长江经济带国家战略的内在要求。

一、加强扬子江城市群绿色治理刻不容缓

一方面，地处长江下游江苏段的扬子江城市群人口密度与产业密度高，生态环境相对脆弱，随着近年经济社会持续快速发展，生态环境保护和经济

发展的矛盾日益严重。目前全省2/3重化工产能集聚在沿江两岸,分布着700多家化工企业,沿江8市废水排放总量占到全省的74.4%。110多个化工码头,年过境危化品运输量超过2亿吨,占整个长江经济带11省市的75%,环境压力非常明显。另一方面,长江直接或间接提供江苏省80%左右的生活用水,排污口和取水口犬牙交错。一旦长江发生任何环境事故,都将对整个江苏民生保障带来极大威胁。

二、扬子江城市群绿色治理"各抓小保护"问题突出

近年江苏在绿色治理方面(包括生态修复、环境保护、危机应对)进行了大量制度创新探索和尝试,率先建立了比较完善的红线管控制度,率先形成了比较系统的环境经济政策,率先探索建立了考虑生态因素的地方政府政绩评价体系,有力遏制了江苏沿江生态环境恶化的态势。但是,如习近平总书记在党的十八届五中全会上指出的,当前环保监测监管体系存在责任不清、地方保护、各自为政、能力欠缺等突出问题,这些问题同样存在于江苏沿江绿色治理中。目前江苏沿江绿色治理存在着分割化、模糊化、碎片化等为特征的"各抓小保护"问题,构成了加强沿江地区绿色治理的重要障碍。

(一)分割化的环境治理体系

沿江地区现有环境治理模式是建立在行政边界划分基础上的管辖和防治,这一方面导致了对生态环境问题的地方保护主义倾向,另一方面也导致了各自为政的"分割化"生态环境治理体系。"分割化"治理体系在应对流域生态环境问题时,存在着诸多弊端:在行为上,着眼于本行政区内部环境问题处理,忽视了流域生态环境风险的跨区域性和扩散性;在主体上,政府垄断生态危机的治理,忽视了流域生态环境问题的复杂性、多源性;在机制上,强调上下级政府间纵向命令与执行,横向政府间的合作治理没能引起足够的重视。分割化导致了绿色治理的"政府失灵"现象。

(二)模糊化的合作治理制度

沿江各市的生态环境问题解决困难重重,很大程度上是由于缺乏合作治理的制度性规定。尽管国家和江苏省相关环保法规定在跨区域污染防治

上，要实行统一规划、统一标准、统一监测、统一防治，但是没有明确实现统一的主体是谁，没有一个行政主体能为跨区域的环境问题直接负责。导致各地合作治理不主动、环境保护标准不统一、工作步调不一致，一旦出了问题不知把板子打到谁身上。并且，在协调手段和程序缺乏制度约束的情况下，大量环境生态治理合作流于表象，缺乏合作的长期性和稳定性。

（三）碎片化的沟通协调机制

虽然沿江八市有基于相关政府会议的沟通机制，但实际中，由于缺乏制度化、组织化的跨区域部门沟通合作，包括环境数据共享、信息交互、产业规划互通等组织化的协调沟通，导致沟通协调呈现碎片化特征。加强沿江城市之间的生态环境治理，迫切需要建立组织化的沟通协调体系及机制，克服"命令机制"僵硬化的弊端，弥补"利益机制"盲目化的缺点，加强合作的稳定性和连续性。

（四）空白化的激励约束机制

流域生态环境是一种典型的公共物品，流域水资源产权界定的不清晰导致了流域水污染"公地悲剧"及"非对称外部性"问题，这使得沿江绿色治理中出现诸多盲点或者空白区域，沿江各市尤其上游地方政府对流域水污染管制的动力不足。针对流域生态环境问题，目前比较有效的办法是建立生态补偿机制和排污权交易机制。但是，基于流域的生态补偿与污染防治存在利益冲突、权利与义务边界模糊、补偿对象与标准难以衡量等问题，需要进一步探索。

三、以制度创新实现扬子江城市群"共抓大保护"

面对国家五大发展理念的新指引和生态文明改革试点的新要求，面对长江经济带生态文明示范带和江苏省生态文明示范省的新定位，作为江苏实施长江经济带战略主要承载的扬子江城市群，迫切需要树立流域生态共同体新理念，共享环境生态信息，共谋绿色发展，共治生态环境问题，共筑生态安全格局，构建具有江苏特色、具有示范引领效应的"共抓大保护"绿色治理新体系。

（一）发挥顶层设计统筹功能

首先，抓紧编制出台江苏省沿江生态带发展规划。发挥省级政府在空间开发管制、基础设施布局方面的规划指导作用，根据沿江八市生态发展环境评价，在考虑上下游相互影响情况下划出空间、总量、承载力"三道门槛"，引导各地处理好经济增长数量、环境容量与排污总量之间的关系。其次，建立生态环境硬约束机制。根据各地区环境容量和承载力，制定生态保护红线评估考核体系，纳入政府年度绩效考核，并把考核结果与财政转移支付、生态补偿资金安排结合起来，让生态环境考核由"软约束"变成"硬杠杠"。再次，整合现有监管制度，建立统一的纵向监管体制。以排污许可为核心，以质量约束、总量减排为导向，根据统一规划，把各地的建设项目环评、总量控制、排污权交易、排污收费、网格化监管、双随机、绩效评价等事中事后监管制度整合起来，构建一套系统完整、权责清晰、高效协同的纵向监管体制。

（二）建立统筹协调治理体系

首先，建立统筹协调的组织以及规则体系。成立扬子江城市群生态环境委员会，研究建立生态修复、环境保护、危机应对的统一行为规则，建立省级统筹、八市协调联动、县区乡落实的绿色治理体制机制，通过协商统一部署和推进空间规划、基础设施、生态项目、环境保护等方面的绿色合作。其次，完善跨部门、跨区域、跨行政层级的污染联防联控体系、信息共享体系和预警应急体系，签订区域污染联防联控协议，建立协调机构和机制。再次，积极培育环境治理和生态保护的市场主体。充分调动民间资本参与生态环境治理的积极性，通过政府购买服务或者PPP方式支持第三方治理。积极组建或改组设立资本投资运营公司，推动各类资本加大对环境治理和生态保护方面的投入。

（三）健全统一红线管控制度

首先，实现生态红线的统一监管。按照"守红线，留空白"的原则，从沿江发展现状出发，对生态红线进行统一系统梳理，调整优化生态红线保护规划，建立生态红线保护地理信息系统，逐渐扩大生态红线保护区域。其次，划定沿江开发边界。结合生态红线和耕地红线，划定沿江开发边界，把空间管控的要求落实到各地控制性总规当中。再次,强化生态红线监管力度。以江苏省生态垂直监管改革为契机,探索实施红线区域产业准入的"白名单"和"黑名单"制度,把红线区域作为监管的重中之重,加大排查力度,对于保护区内已有违规项目,要有计划、有步骤地限期清退。

(四)探索排污权交易机制

首先,建立扬子江城市群排污权有偿使用制度。根据有关法律法规标准、污染物总量控制要求、产业布局和污染物排放现状情况,合理核定各地排污权。实行排污权有偿取得,建立和完善排污权市场交易制度,建设排污权交易平台,降低排污权交易成本,规范交易范围和行为。其次,建立扬子江城市群水质补偿机制。以新组建的协同管制机构为依托,建立能够覆盖所有重要区际断面的水质监测信息网。上游地区提供了标准水质以上的流域水环境,下游地区应当以合理的补偿数额对上游地方政府提供生态补偿,反之则要索取补偿。

(五)实施网络化环境监管执法

首先,构建网络化环境监管体系。各环境监管队伍按照属地重点监管和非属地一般监管,构建全面覆盖的网络化环境监管体系。将流域作为整体管理单元,统筹上下游左右岸,理顺权责,优化环境监管和行政执法职能配置。其次,统一监管执法标准。实现流域环境监管统一规划、统一标准、统一监测、统一执法,提高环境监管整体成效。再次,加强环境执法队伍能力建设。以环保工作垂直管理改革为契机,建立统一高效的指挥、监督、执行体系,规范环保执法行为,大力提升环境监管和执法能力。

课题组负责人: 南通大学江苏长江经济带研究院　成长春
执笔人: 南通大学江苏长江经济带研究院　陈长江
[本研究报告为2017年江苏省社科联重大应用研究课题、江苏省社会科学基金项目"扬子江城市群融合发展机制与培育研究"(17WTA006)中期研究成果]

第二编

沿海沿江开发研究

深入推进江苏沿江港口一体化改革的建议

> **摘　要**　面对日益激烈的国内外港口竞争压力和积极融入"一带一路"、长江经济带等国家战略的新要求,江苏亟须通过加强港口要素、资源整合,深入推进江苏沿江港口一体化改革,加快实现港口现代化、港群发展有序化和跨区域港口一体化,有效提升江苏沿江港口综合竞争力,更好地服务国家战略。

一、当前江苏沿江港口一体化改革存在的问题

(一)要素制约日益突出

目前,江苏沿江港口岸线开发利用已超过60%,可成片开发的深水港口岸线资源所剩不多,总体呈现以工业占用扩张为主导的特征;港口规划土地资源保护不力,土地指标对港口建设的限制越来越大;沿江港口锚地资源十分紧张,剩余水域资源难以满足锚地建设需求;沿江地区交通资源缺乏优化,港口集疏运通道容量未能得到充分发挥。由于江苏港口发展面临城市空间扩展的需要,南京、镇江、张家港、南通等多个港口面临"退港还城"的压力。港口建设面临的资金压力也愈发严重,公共基础设施维护资金来源和渠道尚不明晰;以信息技术为支撑的一体化物流服务链尚未形成;沿江港口生产要素整合度较低,增值能力较弱。此外,现代港口具备向外不断吸引货物中转、经济发展要素流入,向内港口集聚能量传递给腹地的"双漏斗"结构特点,对港口自身设施、效率、容量提出了更高要求,港口要素制约亟待破除。

（二）开发模式亟须创新

目前，江苏省港口总体规模虽全国领先，吞吐量超过 3 亿吨，但进入全国前十的仅苏州港 1 个；沿江沿海港口密集分布几百家港口企业，吞吐量超过 1 亿吨的沿江港口企业数却为 0；相比上海港以上港集团为主、宁波—舟山港以宁波港集团为主、青岛港以青岛港集团为主的全国沿海及长三角其他省市沿海港口发展态势，江苏省沿江沿海港口主体过多，在区域港口竞争以及区域物流资源配置中能力有限，缺乏具有较强综合竞争力的龙头型港口和龙头港口企业。目前的"一县（市）一港区"发展模式层次偏低，绝大部分公用港口企业以大宗干散货和液体散货装卸转运为主，沿江43%的煤炭、78%的铁矿石通过通用码头泊位运输；港口资源开发利用集约化、专业化水平不高，货主码头数量过半，许多大型公共码头泊位利用率不到50%；以县域经济为主导的港口功能同质化现象较为明显。

（三）发展合力有待增强

江苏省沿江港口低水平重复建设现象严重，加之区域产业长期处于世界产业链的中低端，盈利能力和风险应对能力较弱；且因未能与金融行业、航运企业抱团发展，致使港口产能出现结构性过剩，同质化低层次竞争不断加剧。与苏中港口群相比，苏南港口群外贸货物和集装箱吞吐量占据明显优势，南京港、苏州港和无锡港与省内其他港口发展能力和服务水平的差距日益扩大，货源竞争急速加剧。此外，江苏省沿江港口特别是苏中港口群的集装箱货源流失问题十分严重，反映港口服务能力、经济发展水平和外向度的集装箱生成系数和外贸集装箱生成系数的下降趋势明显，沿江两岸港口的发展差距继续拉大。截至2015年，苏南港口群与苏中港口群的集装箱生成系数比值由2008年的1.8上升至3.3，外贸集装箱生成系数比值由0.35上升至1.24。

二、深化江苏沿江港口一体化改革对策建议

针对当前江苏沿江港口一体化改革存在的问题，各地政府应打破行政限制，协同推进港口规划建设，使各港口在人才、技术、资源等方面获得无差

异的政策环境,利用各自比较优势,相互协作,共同进步;以科学发展观为指导思想,以智慧港口为目标指向,以质量效益为衡量准绳,以提高港口生产能力与服务水平为中心任务,进一步优化港口布局,加速港口转型升级,提高科学决策能力与营运管理水平,加快提升江苏港口"双向开放"服务能力和综合运输枢纽功能。

(一)积极服务国家战略,协调推进港口现代化

1. 提升服务国家战略能力

江苏省应抢抓"一带一路"、长江经济带、江苏港口发展规划、长三角区域发展规划、上海国际航运中心建设等国家战略机遇,按照国家、省和交通运输行业改革的总体部署,深化港口改革,破解机制体制障碍,把改革创新作为推进港口现代化发展的根本动力。结合江苏港口发展实际,制定港口服务对接国家战略的实施方案。同时,按照国家战略要求,及时组织编制和修编港口发展战略和发展规划,形成以战略规划为引领、以布局规划为龙头、以总体规划为主体、以控制性详细规划为基础的港口规划体系,明确港口发展思路、方向与重点,以规划为依据指导全省港口建设发展,有力促进全省港口平稳有序发展。

2. 协调推进港口现代化

站在国际港口现代化趋势的高度加强顶层设计,协调推进港口现代化。充分发挥沿江港口锚泊指挥调度中心的监管作用,统筹、高效利用有限锚地资源;积极探索建立岸线使用准入、转让和退出机制,科学评价港口岸线的利用效率,建立"港口岸线资源管理信息化系统",实现岸线资源动态监管,提高岸线资源管理水平。以集装箱航线资源整合为重点,通过深化省内外战略合作、联合开辟航线等多种方式,发挥整体协同效应,推进航线布局优化和经营机制创新;建设港口联动平台,整合港口内部资源,简化业务流程,提高群内港口运作效率。在港航基础设施建设、江海直达船型研发、物流公共信息平台建设中加强合作创新,积极推进地主港模式、港航联合、通关一体化和绿色港口建设,以物流为主线,深度整合资产、资源、人员、品牌、管理等要素,逐步形成沿江港口城市、企业与沿海港航单位、企业间相互支撑、良

性互动的新格局。

（二）引导港口良性竞争，推动港群发展有序化

顺应国际港口合作竞争、有序发展的时代特征，引导港口由零和博弈向合作竞争转变。充分考虑长江三角洲区域港口的不同属性和发展阶段，采取合作对策制定科学合理的港群利益分配机制，建立层次分明、合理定位的沿江港口群。沪苏通小金三角共同组成长三角区域的中部门户，宁苏通则构成长三角城市带的三角支撑，为上海国际航运中心和上海国际大都市的持续发展提供源源不绝的动力支持。支持江苏港口与国内外大型船公司、船代、货代等物流企业合作，建立港航船货合作联盟，加大航线航班开辟力度，强化腹地货源集聚，提升江苏港口整体竞争力；积极支持连云港、南京港、太仓港与腹地城市建立物流联盟、签署口岸合作协议并布局无水港，增强港口对腹地的辐射带动作用。

明确沿江各港口的发展定位，将江苏沿江港口有机串联。依托市场作为资源配置载体，采用包括资本输出、技术合作、合作联盟、换股合并等方式，创新港口资源整合模式；从港口各自优势出发，采用某一业务优势的企业控股，其他同类运输货物企业参股的形式，组建区域性的跨港专业化码头运营公司。明确沿江各港口业务上与地位上的发展定位，优先确立和发展苏州港、南京港、南通港的主枢纽港地位及其相应的集装箱干线港、通用港口、散杂货港口的业务地位。以规划为引领、交通为基础、产业为纽带，将镇江港、常州港、无锡港、扬州港、泰州港等有机串联；加强沿江港口与长江中上游港口以及长三角地区沿海港口组成港口群，形成以合作为基础的良性竞争态势，构建相互支持、高度互动的上海国际航运中心北翼港口群系统，提升江苏港口向东向西双向服务支撑能力。

（三）优化空间开发模式，促进跨区域港口一体化

1. 以点切入，加快沿江地区"一市一港"建设

从腹地经济产业发展趋势及对港口带来的共同利益出发，从政策层面上明确港口部门参与各方收益分享，从政府职能层面上明确政府在港口一体化建设中的作用；引导沿江港口各省辖市依托自身力量，先行推进辖区内

港口与港口之间的资源整合和功能优化调整;围绕生态、生存共生目标,在公共码头集约化投资下,形成"一市一港"发展模式。

2. 以点带轴,推动港口发展都市圈同城化

江苏省应积极顺应沿江资源开发的国家战略,联动发展沿江临港产业,形成临江、临海产业密集点,在扩散中形成"点—轴"格局,拓展城市发展空间;推动宁镇扬、常锡泰、苏通都市圈同城化发展,打破传统以长江划分区域发展的方式,鼓励大型港口企业发挥龙头作用,构筑江苏经济发展先导区、区域发展极和协调极。完善港口集疏运体系,实现都市圈与港口有效衔接,放大长江"黄金水道"效益,提升下游航运市场的竞争力。

3. 以轴带面,实现跨区域港口一体化

遵循优势互补原则,使"点—轴"带在发展过程中产生联系、互动和交叉,将同城化都市圈的港口产业布局逐步扩散,推进跨区域兼并重组或联盟合作,不断做大做强港口企业。建立港口合作机制,落实港政一体化政策,打造统一的港口管理机构,加快跨区域港口综合规划、基础设施建设、重点港区开发、海事航运服务、口岸监管等一体化建设,进一步增强港口对江苏沿江区域城市及周围地区的辐射带动作用,实现最大经济效益的共生发展。

课题组负责人:南通大学江苏长江经济带研究院　成长春

执笔人:南通大学商学院　王银银

"十三五"南通沿海前沿区域重点中心镇产城融合发展研究

摘　要　本文通过系统梳理、总结"十二五"以来南通沿海前沿区域的产业发展、城镇发展以及产业和城镇融合发展现状及存在的问题,借鉴国内外成功的产城融合发展经验,提出系统地研究产业和城镇发展政策和规划,及时出台相关推进政策;针对不同发展阶段的产业园区有区别地加速产业培育,明确园区发展方向;紧跟国际产业发展大趋势,促进沿海产业集聚,打造沿海特色产业集群;优化升级各级各类产业园区,科学规划、系统完善沿海城镇生产和生活配套,突出沿海城镇特色;以创新引领沿海产城融合发展,创新产城融合的体制机制,树立产城融合发展的新理念;在世界高度推进产城发展的空间布局,形成港、产、城相互融通、开放的产城发展新模式等对策措施。

产业是城镇发展的基础,城镇是产业发展的载体,城镇和产业是相伴而生,共同发展的。南通在贯彻落实江苏沿海开发国家战略之际,出台了《南通市沿海开发规划》,把发展较为滞后的沿海前沿地区作为沿海开发的重点区域,大力推进该区域的港口、产业和城镇的发展建设。然而,南通沿海前沿区域是传统的欠发达地区,沿海开发初期基于种种条件限制,开发建设仅侧重于基础设施的配套完善,而针对产业和城镇的发展推进节奏如何把握,如何科学可持续地推进发展,如何在新形势下促进产城融合发展等问题还需深入研究。本报告通过系统梳理、总结"十二五"以来南通沿海开发前沿区域产城融合发展现状及存在的问题,借鉴浙江特色小镇的产城融合发展经验,力图探索出一条适合南通沿海区域产城融合发展的新路径、新模式。

一、南通沿海前沿区域产城融合发展的基本情况

截至 2013 年 11 月,南通沿海 8 个重点中心镇已经全部建立了区镇合一的管理体制,基本实现了体制机制一体化、规划编制一体化和公共服务一体化。其中:通州湾江海联动开发示范区(三余镇)作为市级园区平台,由市级层面批复设立园区党工委和管委会,对原通州区三余镇、通州滨海新区、如东县大豫镇部分区域和东安科技园区等地,通过行政代管、利益共享的方式设立,以统筹对该区域的开发建设。启东吕四港经济开发区(吕四港镇)属于省级强镇扩权试点,主要是按省级试点政策执行。其他 6 个区镇按条件申报,由市编办批复建立区镇合一的管理体制。虽然以上 8 个区镇在管理体制批准设立过程有所差异,但是南通沿海前沿区域重点中心镇实施区镇合一管理体制政策主要学习借鉴了省级强镇扩权工作的经验,同时也考虑了沿海的实际需要,因此在管理体制建立的模式是一致的,都是实行了区镇合一、以区为主的管理模式,实现了"一套班子"领导,机构职能根据各地特点按"一办多局一中心"架构整合归并,原园区和乡镇人员统一分工使用,根据需要因岗选人,人岗相宜,优化了干部队伍,实现了真正意义上的一体化(详见表1)。

表 1 沿海重点中心镇区镇合一管理体制建立情况

重点中心镇	园区	领导配备情况		中层机构设置情况	区镇合一批复时间
		党工委书记	管委会主任		
角斜镇	海安老坝港滨海新区	县委常委兼任	副处职	一办七局一中心	2013 年 3 月批复
洋口镇	如东沿海经济开发区	县委常委兼任	正科职	一办七局一中心	2013 年 3 月批复
长沙镇	洋口港经济开发区	县委常委兼任	正科职	一办七局一中心	2013 年 3 月批复
三余镇	通州湾江海联动开发示范区	正处职	正处职	一办六局,负责人按副处级配备	市级开发园区,2012 年 2 月设立

续表

重点中心镇	园区	领导配备情况		中层机构设置情况	区镇合一批复时间
		党工委书记	管委会主任		
包场镇	海门港新区	市委常委兼任	正科职	一办八局一中心	2013年6月批复
吕四港镇	吕四港经济开发区	副处职	副处职	两办七局一中心	2012年1月批复（省级强镇扩权试点）
近海镇	启东滨海新区	市委常委兼任	正科职	一办七局一中心	2013年11月批复
寅阳镇	启东海工船舶工业园区	正科职	正科职	一办七局一中心	2013年11月批复

二、当前南通沿海前沿地区产城融合发展存在的问题

（一）产城融合发展规划定位衔接不紧

衔接不紧主要表现在三个方面：一是产城融合度较低。部分区镇产业园区是先规划先发展，城镇原来就含在产业规划内，只是作为附属配套简单的规划，像如东沿海经济开发区、启东海工船舶工业园等园区工业区规划做得很细，但城镇却看不出较为规整的形象。二是产城发展规划约束刚性较强。以现阶段产城发展规模和状况看，规划布局难以做大的调整，特别是受到土地利用规划这种基础性规划对城镇建设用地的区位规模的控制影响，要对现有的产业区、城镇区进行规划调整和融合，只能是对现状的小修小补。三是后发园区的发展定位难。比如通州湾江海联动开发示范区，国家发改委批复要建江海联动开发的示范区，但是究竟产业怎么联动、城镇怎么联动、产城怎么联动等都需要进一步细化定位。

（二）产城融合发展的功能配套衔接不足

产城融合发展在功能配套上主要是城镇功能与产业功能配套的衔接，根据产业发展的门类不同，配套的重点也不一样。一方面，目前沿海的城镇受发展阶段的影响，配套较快的还是城镇的基础功能，比如居住、医院、学校、公共交通、休闲娱乐等基础的配置。而与产业发展相适应的创业创新平

台、信息服务平台、金融服务平台等配套相对发展滞后。另一方面,与产业配套相适应的生产性服务业的引进也需要园区产业的规模能够达到一定水平,其发展的边际成本才低于边际收益。特别是相对于实体产业,生产性服务业多数属于人才密集型、信息密集型行业,更适宜在成熟的城市布局。

(三)产城融合发展的体制机制有待进一步完善

推进产城融合发展的体制机制主要有宏观大政策环境、中观全市统筹协调、微观区镇合一管理推进三个层面。从目前来看宏观方面,通过积极争取南通取得了陆海统筹综合配套改革的试点权,然而,在具体操作上,这些试点中每一项都需要条线部门不懈地向上争取,与现行政策相冲突的举措,很难短时间取得突破;中观方面,沿海产城融合的推进需要全市一盘棋的统筹推进,但是现行财政省管县的体制,市县财政分灶吃饭,缺少在资金调度上的抓手,统筹的力度相对就比较弱;微观方面,沿海区镇合一管理体制推进前后有2—3年时间,由于涉及两个主体的合并,重新分工、权限下放后,新的权力运行等在原来独立的乡镇或是独立的园区下都没有实施过的,因此在工作层面上还需要进一步磨合。

(四)沿海产业的集聚度较低,尚未形成产业集群发展态势,不足以承载城镇的发展壮大

从沿海8个园区来看,目前产业集聚程度较高的主要是3个发展起步较早的园区:如东沿海经济开发区,主要以精细化工产业发展为主;启东海工船舶工业园,主要发展海工船舶产业;启东滨海工业园区,区内企业主要发展机械、环保设备等产业。即便是上述3个产业发展较早、集聚度较高的产业园区,也存在着:第一,整体项目、亿元以上大项目不多。第二,沿海开发项目特别是涉港项目如石化等重大基础性产业项目,有的需要国家规划布点,才能落实推进,有的报批周期长、层面高,也导致了沿海支撑性项目的缺乏,除洋口港LNG和吕四港的大唐电厂两个开港项目外,至今还没有相当体量的其他项目落户。第三,园区落户的企业彼此关联度较低,配套产业较少,难以形成产业集群。一些园区虽然引进了龙头性的产业项目,但产业的上下游配套难以延伸,产业链延展艰难,难以形成产业的规模效应。第四,产业园

区配套跟不上产业集聚的要求。如一些产业园区围垦好后后续的基础设施多年跟不上,水电相对配套快一点的部分园区,也存在着涉及供气、污水处理等相对滞后的现象,更尚未达到更高的"九通一平"的产业园区配套标准。

(五)重点中心城镇发展定位不明确,配套功能不强,难以跟上产业集聚发展的节奏

南通沿海城镇发展定位中,应将与产业园区的功能配套和服务放在更重要的位置,同时作为沿海开发的重要节点,也应考虑到城镇的发展特色,既包含内在的特色,也包括城镇设计等外在的形象设计特色。但是,受开发基础条件较差、所在行政区域主体不同等因素的影响,各地在考虑城镇发展定位的时候,没有牢固树立统筹协调、特色发展的概念,在城镇建设的风格上也没有特色的设计,不能反映本地文化特色和产业特点。此外,产业集聚发展需要各类的发展要素的支撑,如资金、人才、信息服务等目前在南通沿海前沿区域发展基本是空白。

三、浙江特色小镇建设的启示

2015 年浙江省政府工作报告提出,要"按照企业主体、资源整合、项目组合、产业融合的原则,在全省建设一批聚焦信息、环保、健康、旅游、时尚、高端装备制造业、金融等七大产业、兼顾丝绸、黄酒等历史经典产业,具有独特文化内涵和旅游功能的特色小镇,以新理念、新机制、新载体推进产业集聚、产业创新和产业升级"。同年 6 月,浙江出台了第一批 37 个省级特色小镇名单,计划 3 年内投资 2 400 亿元,预计 2017 年可实现税收收入 190 亿元。2016 年 1 月又公布了 42 个特色小镇创建名单。根据规划,浙江将在 2018 年打造 100 个特色产业主导的特色小镇。时任浙江省省长的李强曾撰文说"特色小镇是浙江特色产业、新型城市化与'两美浙江'建设碰撞在一起的产物。特色小镇是'产、城、人、文'四位一体的新型空间、新型社区"。

浙江的特色小镇并非行政意义上的"镇",它是在城乡接合部,专门划出 3 平方千米左右的土地,根据当地政府和居民的意愿,打造的一个"宜业、宜居、宜游"的产、镇、人三者有机结合的众创空间。浙江创建特色小镇取得阶

段性成功的原因在于:

(一)创建规划出台早,可操作性强,对实践具有较强的指导性

2015年4月浙江省政府就出台了《浙江省人民政府关于加快特色小镇的指导意见》(以下简称《意见》),对特色小镇的创建程序、政策措施等做出了较为具体的规划。如规划面积一般控制在3平方千米左右,建筑面积控制在1平方千米左右,原则上3年内要完成固定资产投资50亿元左右(不含住宅和商业综合体项目),所有特色小镇要建设成3A级以上景区等。

(二)创建支持政策给力,对特色小镇发展支撑力较强

浙江特色小镇的发展得益于政府出台了一系列土地要素保障政策和财政支持政策。例如在土地使用上确需新增建设用地的,可由各地先行办理农用地转用及供地手续,对如期完成年度规划目标任务的,省里按实际使用指标的50%给予配套奖励,其中信息经济、环保、高端装备制造等产业类特色小镇按60%给予配套奖励;对3年内未达到规划目标任务的,加倍倒扣省奖励的用地指标。在财政支持方面,特色小镇在创建期间及验收命名后,其规划空间范围内的新增财政收入上交省财政部分,前3年全额返还、后2年返还一半给当地财政。上述政策保障体系一方面极大地调动了相关企业和机构申报特色小镇建设的积极性,另一方面又不额外增加地方政府的财政负担,切实发挥了特色小镇在浙江的建设推广作用。

(三)创建特色小镇是基于地方经典特色产业发展,功能定位准确

浙江是我国东南沿海经济较为发达的地区之一,拥有一批历史悠久,传承性较强、国内外名声叫得响的传统优势产业,如茶叶、丝绸、黄酒、中药、青瓷、石雕、木雕、根雕、文房等。因此,多数特色小镇都是立足一个上述传统优势产业为主导产业,又依据现代产业发展和适宜居住、旅游等功能定位,以产业、文化、旅游、居住"四位一体"理念,打造完整的产业生态圈,培育具有行业竞争力、适宜居住和休闲旅游的新型小城镇。

(四)产业规划紧跟国际产业发展潮流以及国内经济社会文化发展的大趋势,适应性、引领性、融合性较强

特色小镇建设是新常态下区域经济转型升级的一个新范本,它基于推

动产业转型升级、增强区域发展新动能,是引领经济新常态的战略性选择。特色小镇聚焦了能够体现未来产业发展趋势的信息经济、环保、健康、旅游、时尚、高端装备制造等产业发展,提倡创新、产业、人文融合发展,为传统优势产业和新型产业搭建了新的发展平台,也为立志创新创业年轻人创造了实现梦想的空间。如杭州专为创业者创建的梦想小镇,已入驻创业项目240多个,集聚创业人才2 100多人,引来各类投资基金70多家,管理资本超过300亿元。如云栖小镇成立了全国首个云计算产业生态联盟,建设了超级孵化器,已经吸引130多家涉云企业入驻。

四、"十三五"推进南通沿海产城融合发展的新思路

(一)系统地研究产业和城镇发展政策和规划,及时出台相关推进政策,为产城融合发展提供有力保障

第一,集中力量系统地研究长江经济带发展战略中产业布局的相关内容以及对南通的要求和定位,科学合理地调整南通沿海园区的产业布局规划。第二,积极研究周边地区的产业发展政策,了解上海、苏南等经济热点地区产业发展的政策和趋势,根据南通沿海开发的优势特点,开展衔接,通过共建园区、产业协作等方式,进行产业和人才技术等方面的导入。第三,结合南通江海联动、优江拓海等政策的实施,联系区内产业的转型升级,及时配套出台吸引本地产业向沿海集聚的政策,协调推进沿江产业转型和沿海开发。如新上的电力能源、海工船舶等项目优先向沿海布局,统筹沿江产业退出与沿海产业承载之间的衔接,研究激励沿江企业向沿海转移升级的政策引导机制,探索建立沿江县(市)、区政府间项目向沿海转移及新引进项目的利益分成机制,推动产业加速落户沿海。

(二)针对不同发展阶段的产业园区有区别地加速产业培育,明确园区发展方向,为产城融合发展奠定基础

第一,针对南通沿海先发产业园区的产业,如如东沿海开发区的精细化工产业、启东海工船舶工业园区的海工船舶产业等,应侧重现有产业的转型升级以及上下游产业链的延展、引进和培育。第二,针对后发产业园区,如

通州湾江海联动开发示范区,则需要对规划中的各产业门类做系统的梳理,深入研究确定2—3个做深做细的产业门类,重点发展培育。第三,将沿海8个重点镇作为发展的整体,根据目前的产业现状及资源优势,整合调整各区镇的规划布局,提出对沿海8个重点区镇在产业发展上的产业选择的建议(见表2)。

表2 沿海重点产业特色及物流重点定位建议

园区(镇)	重点工业特色	旅游城镇特色	物流特色品种
通州湾江海联动开发示范区(三余镇)	建筑新材料、高端装备制造、能源	生态湿地、海洋运动休闲	钢材、集装箱、煤炭
吕四港经济开发区(吕四港镇)	电动工具、能源	海鲜美食、渔港风情	粮油、糖、海产品
启东滨海园区(近海镇)	机械电子	—	—
海门港新区(包场镇)	重装备制造、食品	蛎岈山国家海洋公园生态旅游	建材
如东沿海经济开发区(洋口镇)	精细化工(重点方向农药、医药)	温泉度假	—
洋口港经济开发区(长沙镇)	石化及上下游产业	—	LNG、液体化学品
海工船舶工业园(寅阳镇)	海工装备(重点)船舶,延伸发展船用设备	江风海韵观光、商务休闲旅游	—
老坝港滨海新区(角斜镇)	石材、家具	长江珍稀鱼类养殖及餐饮	

(三)紧跟国际产业发展大趋势,促进沿海产业集聚,打造沿海特色产业集群,开创产城融合发展的新局面

第一,放眼国际、国内两大市场,加强推介宣传力度,以开放促发展,有侧重、有选择地加强项目引进,根据产业发展导向,研究各行业龙头企业和科研机构,开展广泛的接触,寻找合作契机。第二,重视创业团队,对于符合园区定位,具有前瞻性发展的创业团队、研发团队,要建立创业扶持的政策和发展平台,助推创新创业。第三,与产业联盟、行业协会等社会机构建立长期合作关系,借助他们的平台推荐园区,同时也推荐业内企业来考察,增强与目标行业企业的互动,增强项目落户的可能性。第四,利用沿海资源禀赋,整合各产业园区招商资源、凝聚招商力量,全力抓好大项目的引进工作。积极引进世界500强企业、跨国公司、大型央企、行业龙头企业进驻沿海产业园区,打造产业龙头企业集聚区。

(四)优化升级各级各类产业园区,强化沿海产业发展载体,创造产城融合发展的新优势

第一,做好产业基础配套,加强产业片区的水、电、气、污水处理、供热等产业发展基础配套工程,达到随时能够满足企业落户条件的标准。第二,围绕重点产业强化特色产业区中园(园中园)的高标准配套,完善产业园区的技术创新、产品创新、物流仓储、金融服务、人才培训等功能配套、服务配套、管理配套。第三,积极申报省级、国家级开发区,扩大园区规模,提升园区能级,增强项目招引能力。第四,根据园区产业特点积极申报创建海洋经济、海工船舶等各级各类产业国家、省产业授予的基地、示范等专业园区,增强专业领域的知名度,提升园区的产业集聚力。

(五)科学规划、系统完善沿海城镇生产和生活配套,突出沿海城镇特色,构建产城融合发展的新载体

第一,进一步完善城镇的生产性配套。强化金融、物流、中介等行业的发展,发展起步阶段要研究制定鼓励市区相关行业到前沿重点区镇布点、开展业务的政策,尽快完善沿海的产业发展环境。第二,进一步强化城镇基础功能配套。提升沿海重点中心镇公共服务、生活居住、商务服务、休闲娱乐等基础功能的配套能力,增强中心镇对人口的集聚能力,增强为产业工人服务的能力,促进人口的流动和沉淀。第三,沿海8个重点中心镇要根据在区域经济中的发展定位、园区产业定位和全市城镇发展体系中的定位,合理确定城镇功能,推进差异化、特色化发展。

(六)以创新引领沿海产城融合发展,创新产城融合的体制机制,树立产城融合发展的新理念

第一,创新产城融合发展的新目标。以建立协同发展的新型产城关系、新型发展模式及绿色城镇为目标,促进智慧技术在沿海的扩散,推进蓝海经济发展的新动能、新业态和新模式。第二,创新产城融合发展的新体制,促进在体制机制和管理方式方面的产城深度融合。第三,创新产城功能的共享互补模式,把新型工业化、信息化、新型城镇化与农业现代化结合起来,在沿海大力推动新型城镇化发展的示范区建设。第四,一方面继续采用行政推动的方式,把沿海开发考核纳入全市综合考核;另一方面采用市场方式,通过市级国有投资平台,全面参与沿海重点区域的重点项目的投资运营。

(七)站在世界高度推进产城发展的空间布局,形成港、产、城相互融通、开放的产城发展新模式

第一,结合南通沿海开发港口的龙头地位,7个园区拥有港口资源的现状,把港口纳入同步产城融合的重要方面统筹布局。第二,充分发挥港口开发建设为龙头的拉动效应,强力推进开发区域整体开发,加快港口基础设施配套建设和集疏运体系建设。第三,立足港口,利用后方广阔的土地空间,大量、集中布局发展临港产业,提高产业对港口的依存度。第四,大力推进滨海城市发展,实施"港城互动""港城联动"的发展策略。对港口、城市、产业的联动及空间布局进行综合考虑,以港兴城,以城拥港、港城一体,促进港城之间产业的相互补充和支持,构筑港城一体的良性互动战略发展模式。

中共南通市委党校　李　汝
南通市沿海办规划处　杨晓峰
南通市沿海办规划处　徐光明
南通市沿海办规划处　丁正涛

[本研究报告为2015年江苏沿海沿江发展研究院招标课题"'十三五'南通沿海前沿区域重点中心镇产城融合发展研究"(Z201502)研究成果]

南通涉海金融创新发展研究

> **摘　要**　海洋经济是新常态下南通经济增长的新引擎和结构调整的新突破口。发展海洋经济离不开功能完备、高效运行的金融支持。由于涉海金融体系尚未完全建立,南通海洋经济的进一步发展面临金融掣肘。"十三五"时期,南通应从制定系统化的金融支持政策框架、建立多维度的金融创新体系、打造高效且功能完备的涉海金融平台、建立有效的风险管控体系等四个方面,培育金融生态环境,稳步推动涉海金融发展。

南通是目前全国唯一的国家海域综合管理创新示范市。海洋经济是新常态下南通经济增长的重要动力引擎和结构调整的重要突破口。近年来,南通海洋经济生产总值稳步提升,占全省比重逐年增加。"十三五"时期南通将认真贯彻落实党的十八届五中全会提出的"创新、协调、绿色、开放、共享"五大发展理念,充分发挥"一带一路"、长江经济带、江苏沿海开发等国家重大战略叠加优势,以改革创新为动力,大力推进海洋强市建设。

发展海洋经济离不开金融支持。金融要素在新兴领域的价值发现、资源吸纳、融资支持、风险管理等功能,使其成为推进海洋经济可持续发展的关键条件。海洋产业存在投融资需求阶段性明显、融资期限长、风险水平高等特点,这些特点决定了金融支持海洋经济发展的特殊性和专业性。同时,海洋产业是资本和技术密集型产业,海洋经济的高风险和高不确定性又决定了涉海金融体系不同于现行审慎经营、风险规避的陆地金融体系。

一、南通海洋经济与涉海金融发展成就

（一）南通海洋经济发展取得的主要成就

南通滨江临海的独特区位优势,为海洋产业带来了巨大的发展空间。2009年江苏沿海开发上升为国家战略以来,南通海洋经济发展步伐明显加快,总体实力不断提升。"十二五"时期,是南通海洋经济大发展、大提升的重要时期,在全市稳增长、调结构、促转型、惠民生工作大局中,海洋经济发挥了重要的保障和服务作用。"十二五"时期南通海洋经济发展主要成就如下:

1. 海洋经济总量稳步提高

2013年,南通海洋经济生产总值达到1 407.4亿元。其中,海洋渔业经济总量居全省首位,海工装备产业规模居全国第二,海洋交通运输实现跨越式递增。到了2015年,南通海洋经济生产总值达到1 684亿元,比2014年增长9.7%,和"十一五"末相比增长92.9%,海洋经济生产总值在江苏沿海三市以及全国地级市中居首位(盐城914亿元,连云港642亿元,见图1)。到2020年,南通沿海前沿区域地区生产总值将达到2 500亿元,对全市经济贡献份额将提高到25%。到"十三五"末,南通海洋经济生产总值占全省的比重将超过三分之一。

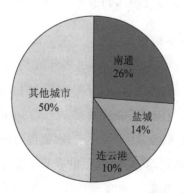

图1　江苏沿海三市2015年海洋经济生产总值占全省的比例

2. 海洋产业结构进一步优化

2000年时海洋第一、第二产业比重基本相当,而第三产业则最低,为28.63%。其后的五年间,海洋第二产业迅猛发展,到2005年达到63.94%,而第一、第三产业比重逐步缩小。从2012年开始,南通海洋三次产业结构实现了由"二三一"向"三二一"的转变(见图2)。海洋基础设施建设快速推进,海洋产业集聚态势日趋明显,海洋创新体系逐步健全,海域使用管理成效显著。其中,海洋渔业产业结构优化成效显著,高效设施渔业规模迅速扩大。2014年,全市渔业在农业总产值中占比达到31%,比"十一五"末提升6个百分点。全市高效渔业面积达109.4万亩,其中,高效设施渔业面积45.6万亩,较"十一五"末增加26.6万亩,在全市养殖总面积占比提升了14个百分点。

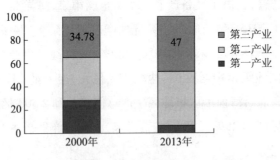

图2 2000—2013年海洋产业结构比

3. 海洋产业规模不断扩大

在集约节约用海理念引领下,经过多年发展,南通已经形成以石油化工、临港工业、海工装备、海洋食品、滨海旅游为主的五大发展板块聚集区。其中,海工装备产业实力雄厚,品种覆盖从近海到深海的所有种类,占据全国三分之一市场份额;截至2013年年末,南通拥有海工船舶及配套企业400多家,其中年销售额达到50亿元以上的企业5家、10亿元以上的企业12家。2014年,全市海工船舶产业实现产值1 670.8亿元,同比增长14.6%。南通始终把海工船舶产业作为重要的主导产业培育,实现了从修船、造船向海洋工程、船舶高端配套的转型,先后成为国家新型工业化产业示范基地、国家船舶出口基地。

4. 海洋产业园区建设成效显著

近年来,南通渔业科技园区建设加速,现代渔业产业化水平明显提升。"十二五"期间,先后建成如东万亩海参园、海安中洋2个省级渔业科技园区,启东、通州湾示范区2个省级渔业科技精品园,以及36个市级渔业科技园区。园区建设带动了龙头企业的迅速发展,形成了以国家级农业产业化龙头企业江苏中洋集团为龙头,11家省级渔业企业为纽带,73家市级渔业企业为基础的骨干渔业企业群。2016年5月,省发改委、省海洋与渔业局、省沿海办联合发布全省首批5个海洋经济创新示范园区名单,其中包括启东海工船舶工业园(见图3)和如东洋口港经济开发区。

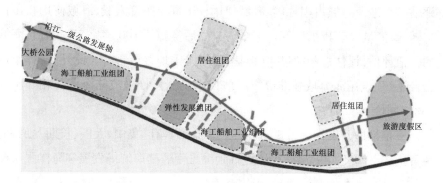

图3 启东海工船舶工业园

（二）南通涉海金融发展成就

2013年,省委、省政府正式通过《南通陆海统筹发展综合配套改革试验区总体方案》后,南通全市上下创新探索、先行先试。在涉海金融方面,南通有不少新制度、新举措成为全国样本。主要成就有以下三点：

一是让"海域使用权"进入市场交易。2004年6月,农行启东支行推出了全国首笔海域使用权抵押贷款,在质押461公顷海域证的前提下,向一家水产开发公司放贷570万元。此后,南通在海域使用权抵押贷款领域连续创下多项全国、全省第一。例如,2010年,南通成立了全国首家海域使用权市场交易中心;2012年,南通又在全国地级市中率先实施海域使用权"直通车"制度,由此海域使用权抵押贷款业务在南通普遍展开。全市有 10 家银行的 19 家分支机构开办了海域使用权抵押贷款业务。截至 2013 年 9 月末,南通全市海域使用权抵押贷款余额达到 57 亿元,占全省同类贷款余额的 80% 以上。海域使用权抵押贷款业务的成功探索,为南通陆海统筹综合发展提供了重要的资金支撑,也"贷"动南通海洋经济转型升级和总体实力的提升。

二是确保海域资源保值增值。2013 年,南通在全国率先编制发布《南通市海上构(建)筑物抵押管理暂行办法》,建立海上构(建)筑物融资机制,成功盘活了海上沉积多年的价值千亿元以上资产,为推动海洋资源资产化、资本化和证券化奠定了坚实基础。同时,南通还创新了海域价值评估机制。评估类型涉及海域占用补偿、海域使用权出资与作价入股、海域使用权出让与转让、海域经营权出租等。迄今为止先后实施了 100 多宗 20 多万亩海域的价值评估,评估总额超过 40 多亿元,居全国地级市首位。此外,南通市还出台了《建设用海海域基准价格评估技术规范》,推进成陆海域与相邻土地"同权同价"。

三是推进开发性金融试点。开发性金融具有"集中、大额、长期"独特的融资优势。2015 年 12 月,为了更好地助推南通陆海统筹发展和海洋强市建设,市政府、省海洋与渔业局、国家开发银行江苏省分行以机制创新、政策支持、政府引导为原则,以推进南通海洋经济结构调整、科技创新、绿色发展、开发开放为中心任务,携手推进开发性金融促进海洋经济发展试点工作。合作三方将全力支持南通创建开发性金融促进海洋经济发展试点市,为南通沿海开发、陆海统筹发展提供有力的金融支持。省国开行意向对 10 个重点项目予以贷款支持,总投资额约 864 亿元。

二、南通推进涉海金融发展中存在的问题

虽然近年来南通在发展涉海金融方面成就显著,但由于专业化程度高、针对性强的涉海金融体系尚未完全建立,以现有陆地金融为依托的金融体系难以承载海洋战略的需要,南通海洋经济的进一步发展面临金融掣肘。

当前,发展涉海金融方面主要存在以下五个瓶颈:

一是海洋产业潜在风险制约涉海金融发展。首先,频繁的海洋灾害和海洋污染是海洋经济不得不面临的现实问题。在缺乏风险缓释机制的情况下,金融机构涉海金融服务面临较大的风险。其次,海洋产业很多是外向型企业,业务受到汇率变化、国际大宗商品价格波动、国际航运形势变化等因素影响,这些因素增加了金融机构涉海金融业务的风险。再次,海洋经济面临的地缘政治风险也是金融机构不得不考虑的风险隐患。由于海洋经济的高风险特征与现有成熟金融体系服务审慎经营、规避风险的原则相悖,金融机构难以对海洋产业给予大规模资金支持。同时,规避风险的手段严重缺乏。

二是专业涉海金融机构尚未成立。从国际经验来看,一些海洋经济发达的国家和城市均设有实力较强的专业性涉海金融机构。例如,在德国有专门从事船舶融资业务的德国北方银行、德国KG机构等。从国内实践来看,青岛在成立专业性涉海金融机构方面走在全国前列。2012年,首家针对渔业的全国性金融服务专业机构——民生银行海洋渔业金融中心在青岛成立;2015年5月,浦发银行在青岛成立了业内首家海洋经济金融专营机构——蓝色经济金融服务中心。和青岛相比,我市金融机构均以兼营方式经营涉海金融业务,服务海洋经济的专业金融机构尚未成立,且现有金融机构长期以来主要从事陆域金融业务,缺乏涉海金融业务的运作经验、金融产品和专业人才,很难提供适应现代海洋产业需要的新型融资工具和风险管理工具。

三是契合海洋经济特点的金融产品亟待丰富。近年来,我市海洋产业融资缺口逐年上升,其中海洋船舶、海洋化工、滨海旅游行业的资金缺口率较大,均在50%以上。但适合海洋经济风险水平、周期特点的新兴抵押融资类产品等专业化产品和服务严重缺乏,难以满足海洋产业的多维金融需求。尽管《物权法》的出台有效扩展了金融抵质押物的范畴,但还有部分有效物权在产权归属和使用方面存在司法、交易成本和交易市场等方面的障碍,限制了金融与用益物权结合拓展海洋经济融资渠道和规模的路径。在保险方面,专门针对海洋经济面临的政策风险、行业风险、汇率风险、自然灾害风险等设立的商业保险品种较少,面向大范围、应急性的巨灾保险和再保险尚未建立。

四是民间资本进入海洋经济的渠道有限。南通海洋经济领域的主要投资者是政府和国有资本。民间资本进入海洋经济领域的渠道不够通畅,尚未形成有效支持海洋经济可持续发展的多层次、市场化融资体系。这也是导致企业融资成本偏高的主要原因。民间资本一般都以独资方式进入浅层次的海洋经济领域,投资渠道单一的民间资本很难应对海洋经济独特的风险性。同时,民间资本通过股权、债券、项目融资等开展投资的渠道也受到很大制约。南通存款余额2015年已突破1万亿元,成为全国第五个存款余额超万亿的非副省级地级市,其中储蓄存款余额占各项存款总额的51.56%,比全省平均水平高15.8个百分点(见图4)。但这种资本优势没有全面、充分地进入到海洋经济开发和建设领域。

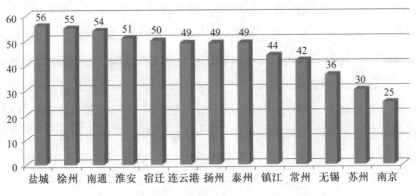

图4 2014年江苏各市储蓄存款占存款余额的比例(单位:%)

五是现有金融机构内生障碍较多。南通商业银行对海洋产业信贷投放积极性不高,海洋经济的发展需求与银行高度集中的贷款管理之间存在突出矛盾。由于国有商业银行普遍引入风险管理机制和第一责任制度,信贷人员发放贷款较为谨慎,存在不同程度的"畏贷""惧贷"现象。涉海企业贷款具有需求总量大、次数多、频率高、分布散的特点。但由于受自身规模、资信能力、外部环境及内部管理等因素制约,贷款运用与银行信贷操作不匹

配。而银行对其发放贷款的程序和手续与对陆地企业发放贷款的程序和手续基本相同。这是导致银行经营成本增加和涉海企业贷款难、成本高的主要原因。

三、"十三五"时期推进涉海金融创新的政策建议

"十三五"时期南通应针对未来海洋经济发展的融资需求,以构建具有海洋特色的多元化金融平台为目标,以创新为核心,以综合发展为基调,以"多方介入解除杠杆约束、层次细化匹配风险收益、创设工具缓释金融风险"为原则,努力培育金融生态环境。充分发挥金融监管部门、金融机构、金融市场的作用,促进涉海金融机构和市场体系的丰富和发展、金融产品和服务的重构与优化。打造功能完备、便捷高效、多元复合的涉海金融体系,为海洋产业提供多样化的全产业链金融服务,实现金融资源和海洋资源的无缝对接。主要政策建议如下。

(一)加快制度创新,构建系统化金融支持政策框架

1. 完善金融服务海洋经济发展的政策保障

第一,市沿海办、金融办等相关职能部门及金融监管部门要加强对金融支持海洋经济工作的组织协调,建立健全政府引导、多方参与的金融合作和长效沟通协调机制,促进银行、证券和保险等金融机构与涉海企业的信息共享,提高资金供需双方的对接效率。

第二,引导金融机构加大对海洋经济的政策扶持。针对各大商业银行,政府应强化信贷政策引导,推动信贷资源向海洋产业倾斜,加强政策性金融对海洋重大、重点、战略性项目的支持力度;针对非银行金融机构,政府应与证券、保险、资产管理等金融机构总部签署战略合作协议,积极引导各机构加大资金投放。

第三,应加强产业政策、金融政策与财政政策的协调配合,完善促进海洋产业发展的财政金融支持政策。

2. 构筑多层次的金融资源配置体系

第一,针对海洋经济发展的独特金融需求,坚持主体多元化、形式多样

化、运作市场化的导向,充分调动民营资本参与海洋经济发展的积极性,拓展全方位、宽领域、多形式的融资渠道。

第二,应鼓励金融机构成立船舶金融部、航运金融部等专门的业务部门,通过构建投资主体多元、融资方式多样、融资风险可控的融资体系,为支持现代海洋渔业转型发展、提升海洋优势产业核心竞争力、扶持海洋现代服务业发展、推进海洋新兴产业发展等提供强有力的金融保障。

第三,整合南通沿海开发集团旗下的投资部门,坚持境内境外相结合、产业金融相结合、债权股权相结合的原则,着力推进跨境金融、航运金融、供应链金融等业务;积极参与海洋传统产业和新兴产业的重组、改制、上市与并购。通过资本放大作用,为南通具有重大影响力的海洋重点产业项目、重点企业提供综合金融服务。

第四,鼓励商业银行吸收和组织海洋经济金融专业人才;通过参股、控股或独资的方式,设立海洋发展银行、涉海金融中心等专业性涉海金融机构,提供海洋全产业链金融服务。

3. 完善多元化的金融配套支持体系

第一,优化涉海领域支付体系,完善涉海领域征信体系,做好涉海领域配套金融服务;搭建涉海中小企业互保增信平台,为涉海中小企业提高增信支持和融资便利。

第二,应根据海洋经济具有较强的外向型经济特征,在风险可控的前提下,加强外汇管理的支持与服务;积极开展国际结算、国际贸易融资、内保外贷、人民币跨境结算等国际业务,支持涉海企业开展跨境人民币业务和对外投融资,促进涉海投资贸易便利化;重点发展离岸金融业务,拓展保税港区功能;争取 QFLP 和 RQFLP 额度,以期利用境外低成本资金建立主要面向海洋经济产业的中外合资投资平台。

第三,构建"互联网+涉海金融"发展模式,借鉴互联网理念,运用互联网思维,围绕构建多层次的海洋金融支撑体系,打造海洋经济发展的政策洼地、产业高地。

第四,除提供传统的信贷融资服务外,鼓励金融机构在企业发债、资产证券化、股权私募、并购融资、信息咨询等业务方面积极作为。

(二)加快产品与服务创新,建立多维度的金融创新体系

1. 坚持"产融联合"原则,创新金融产品和服务方式

第一,提供海洋物流金融、海洋临港金融、海洋绿色金融、海洋渔业金融、海洋旅游金融、海洋城市金融、海洋科技金融、海洋离岸金融等八大金融服务。其中,重点是按照"绿色发展"理念的要求,在沿海地区尝试开展碳排放权抵押贷款、能效贷款、CDM 项目融资、EMC 融资等,构建涉海绿色金融激励与补偿机制。

第二,紧紧围绕南通"十三五"规划中关于"形成公铁水空管、江海河高效联运的枢纽型、功能性、网络化综合交通体系"的目标,加强对沿海港口、港口集疏运体系、港口腹地基础设施建设的金融支持。

第三,重视供应链金融,依靠涉海金融对海洋产业的相关产业链、贸易链的上中下游企业以及仓储物流企业进行整合,提高整个产业链的竞争力。

第四,要引导鼓励金融机构大力支持海洋先进制造业和海洋现代服务业的发展,重点扶持船舶工业及海工装备等海洋先进制造业,以及海洋技术咨询、海洋法律服务、航运经纪、海洋信息服务、海洋科技与教育、滨海旅游、邮轮游艇产业、海洋总部经济等中高端海洋经济产业的发展。

第五,利用融资业务平台开展港口物流设备、船舶制造、海洋工程装备制造等融资租赁业务,为客户提供"装备+金融"的一站式系统解决方案。

2. 推动资产抵押方式创新

一是通过优化涉海领域信贷管理模式,加快涉海金融抵押方式创新,探索标准化仓单质押、订单质押、存货浮动质押、提货权质押、渔船抵押(担保)贷款、沿海滩涂经营权抵押担保贷款等创新方式。

二是充分利用海域使用权、捕捞权等特色资源,积极开展相关物权抵押贷款;充分利用经营性物权以及知识产权,加快开展经营性物权、专利权、商标权抵押等新型抵押贷款业务,拓宽贷款质押范围,破解涉海产业贷款难瓶颈。

三是进一步完善海域价值评估体系。海域抵押贷款业务需要健全的海

域价值评估体系,开展海域使用权价值评估是推进海域使用权抵押贷款工作的重要环节,海域使用权的评估价值是银行金融机构确定贷款额度的主要参考依据,要建立海域使用权价值评估资质核准机制,完善海域使用权价值评估体系。这对降低海域使用权抵押贷款风险,保障抵押权人利益具有重要作用。

3. 加大金融支持海洋科技与海洋人才培育力度

第一,引导鼓励金融机构积极支持海洋科技创新体系建设,充分挖掘海洋新兴产业发展和海洋科技成果产业化中的金融需求。

第二,要加大金融支持海洋科技与海洋人才的培育的力度,推动海洋经济领域的"双创"。

第三,要根据技术创新的不同阶段的特点,引入风险投资通过股权融资方式作为海洋新技术的"孵化器"与"育儿袋"。

第四,支持企业及个人通过"众筹"方式积累创新资金;支持中小高新技术海洋企业通过创业板在资本市场融资。

第五,发行海洋高新技术企业的可转换债券、变动利率优先股票。

第六,采用市场化原则建立多层次多类型的天使投资基金、风险投资基金、股权投资基金、海洋科技发展基金、新兴产业基金、海洋科技人才基金,保障海洋科技进步与高端人才培养。

(三) 加快市场创新,打造高效且功能完备的涉海金融平台

1. 建立符合海洋经济发展需求的交易平台

一是构建海洋产权交易平台。海洋产权交易平台作为多层次资本市场的重要组成部分,是集海洋自然资源、生产要素、涉海知识产权与技术、涉海企业产权流转为一体的综合性交易平台。有利于推进海洋产权的界定和明晰、降低海洋产权交易成本以及满足海洋产权交易的特殊性要求。

二是打造海洋经济中自然资源及碳排放权等环境资源的环境交易所等在内的交易平台,通过赋予资源有偿使用价值和金融属性,提高涉海金融支持海洋经济的作用空间。

三是积极对接资本市场,持续完善投融资平台,引入战略投资者等手

段,提高资本运营水平,提升价值创造能力;支持涉海企业凭借海洋资源资产通过上市、发债等渠道开展直接融资。

四是以建设长三角北翼区域现代物流中心为目标,打造集运输、仓储、深加工、商贸为一体的海洋大宗商品交易市场,并发布商品指数。

2. 大力发展融资租赁

第一,加强融资租赁业务平台建设。根据涉海企业设备投资特点,积极开展直接租赁、售后回租等融资租赁业务,重点支持海洋工程装备业、船舶修造业等临港工业和港口码头建设的设备投资,引进吸收成长性好、成套性强、产业关联度高的关键设备,提高海洋产业技术含量。

第二,优化融资租赁发展环境,破解融资租赁体制机制障碍。从支持各类融资租赁机构设立、明确相关财政奖励政策、鼓励企业运用融资租赁、拓展融资租赁机构资金来源渠道、鼓励开展业务创新、营造良好发展环境等六个方面为融资租赁公司发展提供政策支持。

第三,依托通州湾,设立为海洋渔业、海运、游艇等海洋经济产业服务的融资租赁公司。投资领域包括现代海洋渔业、海洋资源开发、海洋生物工程、海洋装备制造、现代海洋化工、海洋食品加工、海洋物流运输、海洋文化旅游、新能源、新材料等。

3. 打造两大涉海金融中心

一是打造航运物流金融中心。完善港航物流金融服务体系,依托通州湾构建航运金融物流集聚区,大力开展船舶融资、航运物流保险、二手航运物流船舶交易等业务,探索发展航运物流衍生产品。

二是打造海洋科技金融服务中心。创新与完善促进海洋科技开发、成果转化和海洋高新技术产业发展的一系列金融工具、金融制度、金融政策,形成具有典型示范效应的海洋科技金融服务中心。

(四)加快风控手段创新,建立有效的风险管控体系

1. 完善风险防范机制

第一,金融机构应规范涉海金融业务操作规程,联合政府部门做好海域使用权、沿海资产、渔业船舶等抵押品的处置,提升对海洋金融风险的识别、

监测、防范和处置能力。

第二，建立与政府部门和专业评估机构的信息沟通共享渠道，及时获取企业环保信息、规划信息和行业信息，提升风险控制能力。

第三，与政府部门探索共同建立海洋经济金融风险预警平台，研究评估大宗商品价格波动、海洋污染、国际航运形势变化等对涉海金融业务的影响，根据实际情况进行海洋信贷风险提示。

第四，建立海洋创投引导基金，通过发挥风险投资机构对海洋科技创新项目的筛选和监督作用，降低贷款风险。探索有效的风险金补偿机制，建立和完善地方政府与金融机构"利益共享、风险共担"的风险分担机制。

2. 扩大保险对海洋经济的覆盖范围

第一，将海洋第一产业纳入政策性保险，对于二、三产业，着重发挥商业保险的作用，创新险种设计，根据海洋产业周期特点灵活安排缴费期，继续扩大相对成熟的出口信用保险的覆盖范围，发挥其在海洋订单融资、仓单融资中的作用。

第二，积极开发海洋渔业保险、海洋生态损害保险、物流保险等涉海保险产品创新，建立有效的巨灾风险补偿机制，增强风险的防范和分担能力。

第三，发展政策性保险，通过政府的信用担保和资金支持，有效分散海洋产业风险。

第四，以"绿色发展理念"为引领，针对海洋污染具有潜伏性、累积性，而且影响范围广、损失巨大、海洋生态的破坏难以恢复的特点，尝试构建并推广海洋生态损害责任保险。

第五，围绕建设大宗商品国际物流中心，发展多式联运保险，拓展航运港口基础建设保险等业务，为大宗商品提供仓储和运输风险保障，为集疏运网络提供综合风险保障，为大宗商品交易服务平台建设提供船舶和货运保险服务。

第六，发展船舶建造险、修船责任险、油污责任险、有毒有害物质污染责任险、海洋养殖保险、贷款保证保险、国内短期贸易信用险等险种，为现代海洋产业提供全方位风险保障。

3. 推动金融避险工具创新

第一,完善海洋经济风险防控机制。鼓励保险产品创新,大力发展港口保险、航运保险、船舶保险和海洋环保责任险等险种,为海洋交通运输业、船舶工业和海洋油气业发展提供保障。

第二,完善渔业政策性保险,提高渔业政策性保险覆盖面。

第三,研究开发"天气指数"型等符合海洋渔业发展需要的养殖保险产品,建立海水养殖业巨灾保险基金,提高海上养殖业的抗风险能力。

第四,发展期货等衍生品市场满足涉海部门避险需求,可以根据航线运价建立我国的海洋航运指数,推出航运指数期货等衍生品,为航运企业提供风险对冲工具。

第五,大力发展场外OTC市场,通过非标准化合约规避价格风险。

第六,推进外汇衍生品市场发展,鼓励涉外贸易企业通过汇率远期、货币互换、掉期等产品,对冲汇率风险。

南通大学江苏长江经济带研究院　冯　俊

南通市沿海办规划处　杨晓峰

南通沿海开发集团有限公司　顾沛文

(本研究报告为南通大学江苏沿海沿江发展研究院2014年招标课题"南通涉海金融创新问题研究"的研究成果)

南通沿海前沿区域破解用地瓶颈路径研究

> **摘　要**　随着沿海开发的不断深入,南通沿海前沿区域面临着"农用地保护压力大""建设用地指标紧张""海洋土地生态安全愈发重视"等瓶颈问题,这些问题制约着沿海各园区的进一步发展。本文对解决好滩涂围垦土地和前沿镇土地问题,提出了具体的路径。

城镇的建设、人口的集聚都必须依赖土地资源的开发利用。目前,大多数人认为沿海前沿区域由于得天独厚的地理优势,土地资源充裕,足以满足生产建设居住商业需要。然而,土地充裕只是表象,从量上看,中央提出"十三五"期间逐年减少长三角地区建设用地增量,并且严控填海造地;从质上看,滩涂围垦也受到种种限制,譬如围垦后形成的土地开发利用成本较高,形成农业生产能力需要多年的改造。同时,沿海前沿区域不仅仅包括滩涂和围垦后的土地,还包括前沿镇所在土地,这类土地在使用中遇到的问题又不同于围垦土地。因此,破解沿海前沿区域用地瓶颈要依土地类型出发分别给予分析和讨论。

一、沿海前沿区域土地开发利用现状

(一) 沿海土地资源及后备土地资源丰厚,滩涂开发加速

《南通沿海开发规划》将南通沿海的21个乡镇(含街道)及毗邻海域划作沿海前沿区域,重点推进开发建设,该区域陆域面积约2 900平方千米,人口212.3万。可用滩涂及辐射沙洲达300多万亩。"十一五"和"十二五"期间,南通全市沿海滩涂涉围面积3.4万公顷,已实施围垦土地主要用于港

口、城镇、能源、临港产业、高效设施渔业等建设。此外,由于独特的环境优势,每年新增滩涂近万亩,滩涂开发潜力巨大,是不可多得的后备土地资源。

(二) 前沿镇用地发展空间逐步缩小,优质耕地逐年减少

随着社会经济的快速发展,前沿镇建设用地扩张迅速。从各沿海区县来看,启东市、海门市、海安线和如东县的建设用地规划指标使用进度均超过100%,其他区县使用进度也超过95%,难以有效支撑未来城建建设和产业发展用地需求。此外,沿海大部分县区的耕地面积均呈下降趋势。沿海各区县基本农田保护率均在93%以上,其中通州区、海安县和海门市的基本农田保护率均高于全市平均水平,海门市的基本农田保护率甚至超过100%。

(三) 湿地资源丰富,土地利用生态功能加强

南通沿海湿地资源丰富,2015年底,南通市共有湿地45.85万公顷(水稻田除外),位居全省第二。南通自然湿地(包括近海与海岸湿地、湖泊湿地、河流湿地、沼泽湿地)42.3公顷,占湿地总面积的87.3%。人工湿地3.5万公顷,占湿地总面积的12.7%。此外,南通湿地有植物20科65属74种,浮游动物近100种,底栖动物300余种、两栖类5种、爬行类22种、哺乳类6种、鸟类228种。丰富的湿地资源,对沿海生态系统的维护及生物多样性保护起到了极其重要的作用。

二、滩涂围垦土地利用瓶颈

(一) 土地用途受限,建设用地难以保量

一是部门间的衔接难到位。虽然不动产登记新政要求将海域使用权纳入不动产统一登记中,但是从调研来看,南通乃至江苏范围还没有开始践行,依然是海域使用权的管理归海洋渔业部门,土地使用权管理在国土部门,把两类不同权利关系放在一起,产生诸多问题。在实践中,有的开发者持有合法的海域使用权证,围填海造地之后却难以办好土地使用权证,如此耽搁,浪费资源,错失良机。海域使用权"直通车"制度的实施,虽然使得建设项目相关审批许可手续简化,提升了工作和施工效率,但由于部门间的职

能交叉且缺乏有效的沟通机制,导致国土部门在土地证换发过程中存在重复交叉和矛盾,给统一的建设用地市场造成不利影响,甚至导致国有土地资产流失。

再如,根据国土资源部相关政策规定,海洋功能区划中已明确填海造地规模和范围的,应纳入土地利用总体规划,但事实上两个规划并不能完全衔接。比如,通州湾新区规划中有将近一半不在现行土地利用总体规划和城市总体规划的空间范畴内。

二是农业用地与建设用地之间的不均衡。《江苏沿海地区发展规划》中对于农业用地、建设用地、生态用地的用地比例要求为6∶2∶2,但实际上沿海区域新区的建设基本上都是需求建设用地,对农业用地的需求相对较少。在南通海洋功能区划中,规划的建设用海空间比例较高,在围填海中大量新围垦的土地被纳入建设用途。仅在规划期内已围垦的41万亩土地中,建设用海空间占到60%,达到24.5万亩。

三是工业用地与商业用地之间的矛盾。工业用海在围垦之后要作为工业用地。这就使得在一些滨海新城难以有商业用地,限制了当地的发展。比如南通如东洋口港为了打造港、产、城联动发展格局,在滨海建新城。但调整工业用地为商业用地相当困难。因此即使商业房产开发后也担心难以售出,人气不得积攒。此外,一些市政绿化工程用地也因用地性质难以得到满足。

四是围垦土地中用于耕地占补平衡的面积较低。南通"十一五"和"十二五"期间沿海滩涂围垦中用于耕地占补平衡的面积比例仅为21.5%。此外,沿海滩涂围垦后形成的耕地土壤盐碱含量较高,生产能力较差,需要排盐改良,经过五六年后才能符合基本农田要求,具备生产能力。因此,即使验收通过纳入耕地占补平衡数据库后,这些耕地大部分又会被挖鱼塘进行经济效益较高的浅淡水养殖,造成资源浪费,增加管理难度。

(二)区域竞争激烈,土地利用效率不高

首先,沿海各区域之间竞争激烈,同级政府往往各自为营,蜂拥而至的土地供应的确能够吸引到大量的投资者,但是良莠不齐,有些经营者只是四处圈地,投机经营,从而导致某些地段围开而不发,无序开发,尤其是在沿海区域土地利用中,位置较好的港口、岸线自由被投资经营者过多占用,而腹地利用相对不够。此外,多点港口、港区和港城的建设,造成土地资源浪费。

其次,沿海港口和园区建设初期,沿线资源的开发建设方式相对粗放,效用不高,"围而不用"现象突出。受大型项目较少等因素影响,"十一五"期间已围垦滩涂中,约有3/4处于闲置状态;"十二五"已围垦区域中,高达90%的滩涂尚未开发利用。南通市建设用海的效率也很低,只有30%—40%,建设用海的空间总体上较大,利用指标依然受到限制。

最后,除了项目引进的难度较大,竞争激烈等原因之外,也有其他因素。比如南通海门港新区一期建设区5平方千米,土地利用率60%—70%。一方面该新区做出了产业规划的限制,对一些不环保、成长性不强的项目一概不让进园区。另一方面,园区有目的地留下部分土地作为以后的发展所需。

(三)土地生态安全恶化,沿海环境保护任务加重

一是随着围填海规模的持续扩大,原有的沿海生态环境与植被遭到破坏。一些围垦工程缺乏对建港条件、河势稳定、防洪、环保等全面科学的评估,难免留下安全隐患,对生态环境和海洋资源造成恶劣破坏。二是沿海产业发展过分强调对港口、航道、能源、矿产、渔业等海洋资源的挖掘,存在过度开发岸线资源、大规模围海造陆和高消耗、高排放等问题。三是围垦滩涂开发所形成的新增耕地在利用过程中也难免带来了一些生态环境问题,例如种植中大量使用化肥、农药带来的农业面源污染,工业、城镇、生活等污染也不断进入围垦区,沿海自然保护、生态湿地保护压力加大等。因此,协调资源开发与环境保护,确保土地生态安全是南通陆海统筹推进中面临的巨大挑战。

三、前沿镇土地利用瓶颈

(一)建设用地指标匮乏,城镇建设推进受阻

我国实行的是最严格的耕地保护制度,18亿亩耕地红线更是不可触及的。对于建设用地指标各级政府都是严控的。但是经济发展尤其是推进城

镇化建设,建设用地是绕不开的。南通本轮土地利用总体规划(2010—2020年)国家批准给27.83万亩建设用地,到2015年年底南通已用去总量的71%。目前省级已没有建设用地指标,经过市县一层到达乡镇的土地指标少之又少,基本上无济于事,但城镇建设又不能滞缓,基础设施建设、工业区的拓展等都必须依赖土地。以如东沿海经济开发区为例,近年该区城镇建设用地近1 000多亩,但是县里统筹了仅仅50亩左右,其余均要靠自己来解决。为了突破土地瓶颈,加快城镇化建设,各地也是纷纷出招寻求解决办法,通过如"增减挂钩"、违规的"以租代征"等办法来增加建设用地,有些做法带有"打擦边球"的性质。

(二) 土地用途和性质调整不易,镇区面积难以扩展

沿海前沿乡镇一般以农业乡镇为主,农业用地占比都很高。比如南通通州湾的三余镇,是传统的农业大镇,建设用地规模小,新一轮土地规划建设用地空间不足,再加上该区90%以上的农地属于基本农田,使得用地刚性需求与耕地保护之间的矛盾十分突出,自身城镇规划难以实施,镇区面积难以扩展。

此外,除农用地改变用途的调整外,还涉及土地属性的调整。从乡镇来看,镇区的土地大都是农村建设用地。但是,当前农村建设用地市场还未形成,农村建设用地和国有建设用地权利不对等。这使得农村建设用地上的建房也好,建厂也好,都难以取得国家所认可的权属保护。再加上土地权属复杂、产权关系复杂,这些均制约了镇区的发展。

(三) 农村用地空间较为粗放,集约用地尚未形成

2013年,南通市农村居民点用地面积135 251.35公顷,相比2005年增加了20 667.19公顷,增幅18%。农村居民点用地扩张的同时,农村常住人口呈逐年下降趋势,人均农村居民点用地由2005年的282.4平方米/人上升至2013年的477平方米/人,高于全省的355平方米/人,约为国家标准($140m^2$/人)的3倍多,约为全市人均城镇用地5倍。南通水网密布,道路纵横交错,居民建房往往沿河沿路呈线状分布,由此散花式的居民点布局也造成基础设施的不断重复,农村建设用地粗放无序使用。除如皋市、通州区的

中心城区及崇川区周边农村居民点用地分布相对较为密集外,其余县(市、区)的农村居民点布局均是临河临路的串珠状分布形态,布局分散凌乱,使用较为粗放。

四、统筹陆海土地资源,破解用地瓶颈的路径选择

(一)陆海统筹,建立土地资源利用制度

一是规范陆海顶层设计,建立有效沟通协调机制。对于沿海复垦后土地性质或者土地用途问题,虽依然是政策方面,但是它涉及海域使用和土地使用,海域使用权与土地使用权换发的纠纷也就成了沿海开发中的一大障碍,这需要两大部门在新的政策指引下协调与合作。因此,应加强顶层设计,海洋渔业、环境保护和国土等行政部门应多管齐下,对沿海地区海域、土地利用进行统筹规划,均衡沿海地区土地利用,从而提高沿海土地利用效率。规范建设项目用地审批,形成建设项目用地审批地区协调联动机制,统一和规范沿海地区土地利用规划编制和实施管理制度。

二是创新沿海滩涂围垦开发利用补充耕地的方式。2014年2月颁布《关于强化管控落实最严格耕地保护制度的通知》,进一步强调要全面落实耕地占补平衡工作,严格执行"以补定占、先补后占"规定。一般来说,大部分地区在围垦之后,前期均用作水产养殖,一方面起到淡化土质的作用,另一方面又能带来较高的经济收入。鉴于此,创新延迟补充耕地政策,将围垦后开发成水产养殖面积认定为可调整耕地纳入耕地占补平衡库,允许先期从高标准养殖鱼塘开始,逐步淡化土壤,经过相应年限后转化为永久性耕地或基本农田,加以建设和保护。

三是控制总量,统筹安排建设用地与建设用海。南通建设用地缺口已是不争的事实。而根据南通市沿海滩涂围垦安排,"十三五"期间待围垦建设用海规模为5 403公顷(8万亩),至2020年,全市可形成建设用海总规模为2.1万公顷(31万亩)。据统计和预算分析,全市建设用海的实际利用率约为30%,规划期内建设用海的实际利用率预计提升至50%以上,建设用海闲置指标约有1.0万公顷(15万亩)。因此,加强建设用地与建设用海的

总量控制,将海洋管理与国土管理有机结合起来,允许用地与用海空间即建设用地指标可以按照市场调剂方式进行置换,将建设用海闲置指标置换为建设用地指标,用于均衡县区的建设用地需求。

四是重视生态安全,加强土地利用环境评价。围垦土地基本属于不可逆转的过程,再加上沿海产业自身的特质,必然对生态环境有一定的影响,我们切莫以牺牲环境作为发展城镇化、发展经济的代价。各涉海部门应明确各自在海洋生态环境中的职责,建立海洋生态环境监测网络,共享信息平台,有效监测海洋生态环境。此外,在沿海滩涂围垦项目中应加强对于土地利用专项规划的环境影响评价,建立相关的生态资源补偿机制,未雨绸缪,对围海造地后引发的资源、生态环境问题预备切实可行的弥补办法。

(二)完善沿海围垦协调机制,提高土地利用效率

在做好海域证和土地证衔接的同时,做好围垦土地的规划,确保土地合理合规地使用。在海域使用权转变为土地使用权的过程中,应该明晰土地的用途性质,给予一定比例的商业用地,从而有利于滨海新城的建设。对于资源比较丰富的围垦土地,虽然产业布局、规划限制等因素限制了土地利用率,但是仍需要加大产业的引进力度,充实外来投资。

(三)正视已有土地政策不足,突破制度约束瓶颈

正如上文所言,现有土地政策的不足亟须我们改革创新农村土地制度,尤其是集体建设用地的流转,党的十八届三中全会提出"建设城乡统一的建设用地市场","在符合规划和用途管制前提下,允许农村集体经营性建设用地出让、租赁、入股,实行与国有土地同等入市、同权同价"。虽有试点流转,但依然没有建立可行的流转管理办法,严重滞后于当前的实际形势。而一旦做活这一市场,必将更好地盘活农村建设用地。这就需要我们在实践工作中,在政策允许的范围内,创新土地利用的机制,建立适宜各自地区的可行办法,缓解用地难题。此外,从我们的调研来看,在基层一线工作的领导普遍认为随着城镇化进程加快,《土地管理法》必须要适时修订,相关单位应对推进中出现的政策问题给予解释和帮助,否则工作难以开展。

(四）引导农村居民点合理布局，优化城乡用地格局

开展农村居民点整治，不仅可以增加耕地面积，还可以置换建设用地指标，同时能够改变土地利用格局，从而优化农民生活、农业生产，提升城乡用地结构。因此，近年来，在"万顷良田建设工程"及农民集中区规划的推动下，部分地区农村居民点整治得到有效推进，但总体来看农村居民点用地比例过高，利用低效的状况仍未改变。

随着城镇化的推进，农村人口的减少，为居民点整治提供了较充足的空间，同时南通经济社会快速发展也提供了有力的资金保障。当然，农村居民点土地整理应该因地制宜，根据自然环境和各地经济发展状况，分析实际情况，结合有效的资金筹措方式，选择可行的整理形式。在集中居住区的建筑设计上，应该注重本区域的民居特点，使村镇建筑能够切合本地历史文化特征、与自然风光协调一致，形成风格统一的优美居住环境，从而提高村镇的品位和内涵，做到居民点整理与文化建设相统一。

中共南通市委党校　倪羌莉
南通市沿海办规划处　杨晓峰
南通市沿海办规划处　徐光明

［本研究报告为2015年江苏沿海沿江发展研究院招标课题"南通沿海前沿区域破解用地瓶颈路径研究"（Y201503）研究成果］

南通沿海前沿区域区镇合一管理体制实施前后比较研究

> **摘 要** 2011年起,南通在江苏沿海三市中率先探索并系统推进沿海重点中心镇区镇合一管理体制创新。通过体制机制的不断创新,沿海8个重点区镇的经济社会发生了深刻的变化,目前已经成为江苏沿海隆起带的重要节点。随着沿海开发的不断深入,8个镇在管理体制、产城融合、产业集聚、改革创新等方面的问题不断显现。课题对存在问题从机制体制、城镇配套、特色产业、要素保障等方面提出对策和建议。

南通沿海前沿区域范围为规划建设中的海启高速公路至海岸线的21个镇(街道)及毗邻海域,陆域面积约2 900平方千米,海域面积8 701平方千米,海岸线长221.5千米。沿海前沿区域共有8个重点中心镇:海安老坝港滨海新区(角斜镇)、如东沿海经济开发区(洋口镇)、江苏如东洋口港经济开发区(长沙镇)、通州湾江海联动开发示范区(三余镇)、海门港新区(包场镇)、江苏启东吕四港经济开发区(吕四港镇)、启东滨海工业园(近海镇)、启东海工船舶工业园(寅阳镇)。该区域是南通沿海开发的重点区域,行政区域面积1 612平方千米,2015年末户籍人口78.17万人。自2011年起,南通在江苏沿海三市中率先探索并系统推进沿海重点中心镇区镇合一管理体制创新,到2013年11月,沿海8个重点中心镇全部实施区镇合一的管理体制。通过体制机制的不断创新,沿海8个重点区镇的经济社会发生了深刻的变化,已经成为江苏沿海隆起带的重要节点。2015年,8个重点中心镇地区生产总值537.09亿元,占全市的8.7%。

一、沿海重点中心镇区镇合一管理体制实施前后情况比较

南通沿海前沿区域重点中心镇推行区镇合一管理体制实施以前,园区与乡镇间关系不顺,发展基础薄弱,要素集聚能力不强。通过5年的整合,各地配套政策全面跟进,沿海开发中产业发展各主体之间的关系进一步理顺,发展要素的集聚能力不断强化,沿海8个重点中心镇基本实现了管理机构一体化、规划编制一体化、统筹发展一体化、公共服务一体化,有效地推动了沿海前沿区域港产城融合发展。

(一)区镇合一管理体制实施前的基本状况

南通沿海拥有巨大的可开发滩涂资源和港口航道资源,但长期以来,南通的发展主要侧重于沿江,在产业空间布局上一直是"江重海轻""西重东轻"的发展格局,因此,南通沿海前沿区域一直为南通经济发展的洼地。

一是沿海开发水平较低。为了发挥滩涂土地后备资源和港口资源的优势,改变沿海地区的落后面貌,20世纪八九十年代,沿海县(市)区先后加强了对沿海开发的研究,通过设立滨海园区,组织滩涂围垦,推进港口园区配套基础设施建设等,对滩涂、港口资源进行综合开发利用,但由于各地滨海园区设立的初期主要集中精力抓基础设施的规划和建设,因此总体开发规模较小、水平较低。且与相邻的乡镇为不同的行政主体,在发展的目标定位、产业布局、空间布局、基础设施、集疏运体系构建、渔民用海补偿、生产生活配套等方面不能形成有效的统筹,经常需要通过上级政府做大量的协调工作,降低了行政效率。

二是产业集聚程度较小。一是规划定位的产业门类众多,大多自己也搞不清楚到底发展何种产业为主,加之,社会整体投资意愿不强,很多招商项目久谈不能落地。二是沿海开发项目,特别是涉港项目,石化等重大基础性产业项目,有的需要国家规划布点,才能落实推进,有的报批周期长、层面高,也导致了沿海支撑性项目的缺乏。三是园区落户的企业关联度较低,难以形成集群效应(见表1)。

表1　2012年南通沿海产业园区主导产业表

园区	现有产业
老坝港滨海新区	特种水产养殖、紫菜、纺织服装、磁性材料
如东沿海经济开发区	精细化工、旅游、海洋渔业
如东外向型农业综合开发区	种植业、水产养殖
洋口港经济开发区	新能源(风电)、LNG物流
通州湾示范区	种植业、海水养殖、纺织服装
海门港新区	装备制造、食品
吕四港经济开发区	电力能源、通用设备制造、海洋渔业
启东江海产业园(筹)	无
启东滨海新区	海工装备与船舶配件、节能环保、机械制造和电子电器
启东圆陀角旅游度假区	旅游、房地产
启东海工船舶工业园	海洋工程

三是城镇配套功能较弱。由于南通滨海的园区主要依托围垦滩或原老盐场土地进行开发建设,大多都远离城区,且相邻城镇大多产业发展较为落后,城镇的相关公共服务配套功能不足,既不能提供研发、设计、检验、创业孵化、物流配送、金融服务等生产性的配套,也缺乏商品房、职工公寓、菜市场、公交系统、休闲娱乐等生活性配套,无法为园区的发展提供必要的配套保障。

(二)区镇合一管理体制实施后取得的成效

一是体制机制不断优化。园区与乡镇领导班子的整合,使区镇在决策上实现统筹,从根本上解决了区镇发展目标差异,形成发展合力;新设职能机构根据各地发展实际需要而设,机制更加灵活,结构更加扁平,能更好地整合行政资源,提高管理效率;人员统一分工,激励更加合理,队伍更加精干,有利于充分调动广大干部群众的积极性,激发了创业干事的热情。区镇的完全融合发展,使得党政领导班子成员实行统一分工,全体工作人员在位工作,集体领导、独立分工的工作责任体系全面建立,基本形成了职权利高度统一的良好工作局面。

二是经济实力稳步增长。2015年,沿海重点中心镇完成地区生产总值537.09亿元,占全市地区生产总值的8.7%,比2012年提高了43.7%。其中,启东吕四港镇和海门包场镇地区生产总值超过了100亿元。四年来年均增长12.9%,高于全市平均水平2.5个百分点;2015年实现一般公共预算收入28.41亿元,占全市一般公共预算收入的4.54%,比2012年提高了1.15个百分点。四年来年均增长26.7%,高于全市平均水平12.5个百分点;2015年,南通沿海重点中心镇实现工业应税销售收入536.53亿元,占全市工业应税销售收入的8%,比2012年提高了0.4个百分点。四年来年均增长11%,比全市平均增幅高2个百分点(见表2)。

表2 区镇合一前后沿海重点中心镇主要经济指标对比表

乡镇	地区生产总值(亿元)		一般公共预算收入(亿元)		工业应税销售收入(亿元)	
	2012年	2015年	2012年	2015年	2012年	2015年
角斜镇	24.97	36.15	0.84	1.72	10.59	12.7
洋口镇	32.27	56.36	1.32	6.98	84.7	152.18
长沙镇	18.17	25.61	2.13	6.74	19.81	36.59
三余镇	25.15	32.14	1.2	2.49	11.33	17.34
包场镇	73.93	107.49	1.99	3.81	42.5	55.85
吕四港镇	123.08	172.38	3.8	5.39	104.33	115.69
近海镇	30.6	40.25	0.45	1.63	46.14	48.63
寅阳镇	45.57	66.71	2.5	2.14	74.32	97.55
合计	373.74	537.09	14.23	28.41	393.72	536.53

三是主导产业特色明显。沿海8个重点中心镇由于与产业园区进行了整合,产业发展层次不断提升,产业从海洋渔业和种植业为主的传统产业不断向船舶海工、石化能源、现代物流、纺织服装、机械电子、食品加工、精细化工、休闲旅游等产业优化调整,各重点区镇主导产业板块基本形成。海安老坝港滨海新区形成石材、家具、生物、综合等"3+1"产业园区;如东沿海经济开发区以化学药、植保化工、化工新材料为重点发展方向,产业档次提升成

效明显;如东洋口港经济开发区确定了"双石双新"(石化、石材、新能源、新材料)和现代物流的产业定位;通州湾示范区重点围绕装备制造产业,强化龙头型、引领型、基地型项目招引;海门港新区逐步形成了高端装备制造、食品等产业板块;吕四港经济开发区积极发展石化新材料、电力能源、现代物流产业;启东滨海工业园形成了装备制造、电子电气、生物医药三大产业板块;启东海工船舶工业园区大力度推动产业结构转型升级,实现了船舶制造向海洋装备制造的"华丽转身"。5年来,沿海重点中心镇连续发展了一批高技术企业。2015年实现高新技术产业总产值634.88亿元,占全部工业总产值的44.2%,比2012年提高了15.5个百分点。新兴产业也取得了较快的发展。2015年,沿海重点中心镇实现新兴产业总产值480.52亿元,占全部工业总产值的33.4%,比2012年提高了12.8个百分点。

四是项目建设成效显著。2015年,沿海重点中心镇完成固定资产投资584.22亿元,占全市固定资产投资的13.4%,比2012年提高了0.5个百分点。投资完成额超过80亿元的有4个,分别是启东的吕四港镇(112.72亿元)、海门的包场镇(114.49元)和如东的洋口镇(86.48亿元)、长沙镇(88.87亿元)。2015年,沿海重点中心镇完成新开工亿元以上重大项目104个。2016年6月,完成新开工重大项目61个,同比增长52.5%,其中工业项目48个,同比增长65.5%,服务业项目13个,同比增长18.2%。重点区镇新开工重大产业项目计划总投资达123.4亿元。台湾中石化洋口港产业项目、通州湾产学研集聚示范区、海安龙源风电海上风电项目、启东华峰超纤、海门蛎岈山国家海洋公园等一批超30亿元重特大项目正加快建设。

五是资源要素有效整合。各地坚持政府主导和市场化运作相结合,大力优化资源配置。建立健全公共财政投入和投融资机制,合理引导社会资金参与园区的开发与建设。乡镇和园区在规划修编时,通过通盘调整建设用地布局,使区镇有限的建设用地空间规模进行了更合理的配置。一方面上级政策扶持范围更大、力度更强,原来对工业园区发展的扶持政策也覆盖到了乡镇,各地在土地出让金留成、财税分成比例、用地指标等方面都给予

了不同程度的优惠,留下更多的资金用于当地的基本建设。另一方面区镇发展的平台公司可以通过装入原乡镇的有关资产,既盘活了资产,又扩大了融资规模,同时融到的资金又加快了城镇建设。

二、实施区镇合一管理体制后需要解决的主要问题

沿海重点中心镇推进区镇合一管理体制改革5年来,虽然成效显著,但对照陆海统筹综合改革和新型城镇化发展的要求,各地尚需解决以下四个方面的问题。

(一)管理体制的磨合度不够

尽管区镇合一管理体制的领导、机构、人员配备等都已经到位,但是在干部使用和工作运行上还需要进一步磨合,县级管理权限的下放还没有完全到位。区镇合一后管理范围更大、发展的任务更重、事务工作更多,领导干部包括中层正职在干部任用上和工资待遇上激励不足。从工作运行上来看,作为县级政府主管部门与区镇之间在工作任务衔接上需要优化,管理权限下放工作还没有到位的要继续稳步推进,同时做好权限运行的衔接,在制定对区镇的考核目标任务要更加个性化,更加贴近发展的需要。

(二)特色产业的集聚度不够

目前沿海重点区镇产业规划基本形成,发展的重点特色产业也基本明确,但是产业集聚是一个长期的过程,沿海8个重点区镇中,重点特色产业形成规模和影响力的只有海工船舶、化工医药、装备制造等产业,规划布局的港口物流、临港基础产业、海洋战略性新兴产业等重点产业项目还不多,集聚度不高,还没有形成特色产业板块,亟待加快引进和培育。

(三)产城发展的融合度不够

对照我市关于推进海洋经济创新发展的实施意见中提出的20项(生产性服务功能和生活型服务功能各10项)重点城镇功能配套类型,这些配套功能还不够健全,尚需进一步完善;区镇内与功能配套密切相关的基础设施互联互通的骨干网虽已基本形成,但枝干网还没完全到位,密度还不够,区镇与外连接的江海联运干线尚未完全打通,这些都需要加快完善。

（四）改革探索的创新度不够

目前沿海开发在土地、用海、资金等发展要素保障上虽然取得了一定的成效，但是保障的途径主要是通过争取上级支持、加强内部资源整合等常规方式挖掘潜力，力度仍旧不足以支撑沿海开发的巨大需求，要实现加快发展就必须在陆海统筹综合改革方面取得突破，但是从沿海重点区镇层面而言，改革任务举措的进一步细化工作还不够充分。

三、推进区镇合一管理的体制优势转化为发展优势的对策举措

"十三五"期间，将充分发挥区镇合一管理体制、资源、区位等优势，并不断转化为发展优势，以推动沿海产业带、城镇带和风光带建设为支撑，着力打造沿海经济隆起带。

（一）深化管理体制创新，挖掘潜在动力

一是将区镇合一管理体制改革与深化行政审批制度改革相结合，持续推进沿海区镇简政放权、放管结合、优化服务，提高政府效能。全面实施行政审批事项目录清单、政府行政权力清单、政府部门专项资金管理清单、行政事业性收费目录清单。二是坚持"三重一大"集体决策制度，健全重大决策合法性审查机制，建立重大决策责任追究制。三是加强对园区（镇）督查考核，健全政府绩效管理制度。

（二）强化特色产业培育，促进产业集聚

一是加强对产业发展动态研究，组织专题招商、培训和交流活动，推动组建产业联盟和产业联合研究中心。二是围绕"产业兴区"战略，建设产业发展高地，培育一批市场前景看好的主导产业。重点围绕船舶海工、装备制造、新能源新材料、石油和精细化工、轻工食品等产业，培育一批独具特色的科技型产业基地。三是推动沿海8个重点区镇每家培育形成1—2个具有较强竞争力、省内知名的特色产业，设立"区中园"。四是突破传统局限，培育家庭农场，推进现代农渔业招商，打造农业基地品牌。依托特色农业资源，发展海产品深加工项目，促进新型农渔业经济发展（见表3）。

表3 沿海重点产业特色及物流重点定位建议

园区(镇)	重点工业特色	旅游城镇特色	物流特色品种
老坝港滨海新区(角斜镇)	石材、家具	长江珍稀鱼类养殖及餐饮	—
如东沿海经济开发区(洋口镇)	精细化工(重点方向农药、医药)	温泉度假	—
洋口港经济开发区(长沙镇)	石化及上下游产业	—	LNG、液体化学品
通州湾江海联动开发示范区(三余镇)	建筑新材料、高端装备制造、能源	生态湿地、海洋运动、休闲	钢材、集装箱、煤炭
海门港新区(包场镇)	重装备制造、食品	蛎岈山国家海洋公园、生态旅游	建材
吕四港经济开发区(吕四港镇)	电动工具、能源	海鲜美食、渔港风情	粮、油、糖、海产品
启东滨海园区(近海镇)	机械电子	—	—
海工船舶工业园(寅阳镇)	海工装备(重点)船舶，延伸发展船用设备	江风海韵观光、商务休闲旅游	—

(三)完善城镇功能配套,推动产城融合

一是推进城乡公共服务资源合理均衡发展,逐步实现原镇区与新区要素平等交换、合理配置、基本公共服务均等化。加快10个生产性公共服务平台和10类生活性服务业功能基础配套设施建设,提高产业园区承载能力。二是围绕现代工贸、渔港风情、江风海韵、温泉旅游等特色产业,打造一批省内知名的产城融合发展特色小镇。三是聚焦建筑风貌、海滨文化、花园湿地3大特色主题,提升沿海特色城镇品质和文化内涵。切实改善城镇管理,提升城区净化、绿化、亮化、美化水平。

(四)突破资源要素瓶颈,推进陆海统筹

一是继续加大海域使用权证办理力度。以建设国家海洋经济创新示范市为抓手,全面推进陆海统筹先行先试。二是积极拓展企业债、融资租赁等资金渠道,做大、做强建设发展集团等经营平台,满足项目发展需求。通过参股、合作等方式,积极招引资源型重大项目和战略投资者,鼓励社会资本参与沿海区镇基础设施投资运营、兴办社会事业。探索通过开发性融资、债券发行和吸引社会资本等方式拓展融资渠道。三是围绕沿海主导产业和特色产业发展,鼓励沿海县(市)区设立人才开发资金,加快实施高层次人才引进。大力推进产学研合作,培育自主研发力量,在船舶海工、风电装备、新能源新材料等特色产业加快建立创新支撑平台。四是积极推进跨江、跨区域联动,主动融入上海、跨江合作、对接长江中上游,在扩大开放中增创发展新优势、拓展发展新空间。

中共南通市委党校　崔新进
南通市沿海办规划处　杨晓峰
南通市沿海办规划处　徐光明
南通市沿海办规划处　丁正涛

〔本研究报告为2015年江苏沿海沿江发展研究院招标课题"南通沿海前沿区域区镇合一管理体制实施前后比较研究"(Y201504)研究成果〕

南通沿海小城镇公共空间景观设计研究

摘　要　随着南通沿海小城镇经济的飞速发展,关乎与沿海小城镇的各项规划发展亦成为社会各界广泛关注的热点问题。本着"以人为本"的社会发展目的,打造生态人居、绿色环境是南通沿海小城镇发展方向。建设有特色的南通沿海小城镇公共空间景观可以大幅度提升小城镇的形象水平,优化小城镇整体文化特色,也是改善城镇人民生活环境、建立生态人居环境的重要体现。

一、南通沿海小城镇公共空间景观设计现状分析

1. 沿海城镇化发展带来的影响

在经济发展初期,沿海小城镇由于地理位置偏僻,与中心城市有一定的距离,规模相对较小、人口偏少。城镇固有的公共空间景观主要以当地天然的自然风光和历史遗留下的文物古迹为主。城镇也缺乏系统的规划布局,基本上没有公共空间景观这个概念。随着沿海小城镇经济的迅速发展,原有的城镇格局也被打破。沿海小城镇的合并、扩张以及城镇拆迁与商业开发项目的不断跟进,城镇长期以来稳定祥和的生态环境、自然风光和文物古迹受到了不同程度的破坏。再加上由于缺乏有效保护措施和适当的规划,沿海小城镇的生态环境、原始公共空间景观到了不同程度地破坏。如寅阳镇南端的和合二仙雕塑,始建于1111年,原为人口计划教育广场,由于城镇的合并、拆迁,这个广场景观地面、廊道与绿化破坏严重,基本处于荒废状态(见图1)。另外,城镇西侧的和合镇老街也因为城镇的东迁,原本繁华热闹

的街市也成了孤僻的小巷(见图2、图3)。

图1　和合二仙雕塑广场

图2　和合老街街景　　　　　　　图3　和合老街街景

2. 缺乏沿海小城镇的景观特色

由于南通沿海小城镇地理位置特殊,东临黄海海岸,独特的海洋气候条件、自然风光与内陆城镇有较大的风格差别。在实施景观规划的伊始就要充分吸收当地的景观特色,但是在实际操作中,许多的沿海小城镇公共空间景观设计大多没有进行系统化的研究。有些公共空间景观规划一味盲目模仿、抄袭欧式公共景观样式,以欧洲古典主义雕塑(见图4)、柱头、喷泉广场(见图5)为景观的主要表现要素,千篇一律,缺乏沿海特色。再者片面地照搬照抄传统中国建筑风格,以大量的江南水乡元素为主要形式,笼统地将中式的青瓦白墙、亭楼阁宇的设计形态,强加于公共景观规划中去。只注重景观本身的形式美感,忽视了对小城镇原始景观特点的研究,致使许多城镇的公共空间景观设计创意与实施方案趋同,缺乏鲜明的城镇景观个性。

图4 滨海园区景观雕塑

图5 滨海园区喷泉广场

二、南通沿海小城镇公共空间景观设计原则

1. 坚持以人为本原则

依据以人为本的理念,确立人文居住理念,打造和谐人居环境。首先,南通沿海小城镇景观规划应本着以人为本原则。即在尊重自然的前提下,充分考虑沿海小城镇居住人群的接受尺度和心理要求及景观规划的出发点。公共景观设计中设施的设置、材料质感的应用及景观的创造应充分考虑人们钟情于自然的心理需求,以细腻、圆滑天然材料为主。并在景观绿植的使用中,充分利用具有生态保健功能的植物提高环境质量、杀菌和净化空气,以利于居民的身心健康,满足人们回归自然的渴望。

2. 坚持生态规划原则

沿海小城镇公共空间景观设计应遵循生态平衡理论,重点是将其置于区域内的自然生态系统之中,应重视对城镇景观生态健康的维护,将生态概念引入小城镇公共空间景观设计中,即建立生态公共空间景观。继而带动整体规划,努力创造一个稳定的可持续发展的生态型的小城镇。公共空间景观规划的目标是人与自然关系的协调走可持续发展之路,改善城镇景观结构、合理地开发和利用自然景观资源,使人工生态系统与自然生态系统协调发展。充分考虑生态系统循环中的能量流动、物质循环和信息传递,注重环境容量,增加生物多样性,维持生态平衡。改善城镇原有公共空间功能,优化和调整当前不合理的景观格局,提高城镇环境质量,促进城镇的持续发展。从沿海小城镇的地理环境、人际交往和社会进步等方面综合考虑小城镇的环境布局,使每一个小城镇公共空间景观形成各自的生态景观特色。沿海小城镇公共空间景观生态规划就是要从自然生态和社会心理方面去创造一种能充分融技术和自然于一体、天人合一、情景交融的人类活动最优环境。诱发人的创造精神和生产力,创造一个舒适优美的人居环境。

3. 注重文化原则

南通沿海小城镇公共空间景观设计应当内涵丰富、形态多样。它代表着沿海小城镇的文化艺术传统,也能够折射出当地人民群众的物质生活水平和文化生活水平,更能展现出沿海小城镇的人文素养。因此,在进行景观规划设计时,要加强对地方特色的调查研究。增强对地方文物古迹的保护,延续城镇文脉,打造充满特色的小城镇。要适当保留部分传统特色的元素,将其原有的质朴的风格风貌、古色古香的文化韵味融入公共空间景观规划过程中去。

三、南通沿海小城镇公共空间景观设计定位

1. 打造沿海地域特色

南通沿海小城镇公共空间景观规划应凸显地理位置特色,应以自然景观生态系统为主。不能简单地对中国传统景观照搬照抄,特别是以苏州、无锡等地域江南水乡那种园林式景观为例,两个地域的地理环境、气候完全不同,盲目的抄袭只会导致东施效颦的不良后果。另外,对西方现代景观规划的盲目模仿也不可取,当地群众根本不了解西式设计意图,造成素材的浪费。只有充分理解传统和现代元素,在当前自然、社会条件下把传统和现代有机结合,才能产生经典的公共空间景观设计。南通沿海小城镇都地处黄海之滨,每一个小城镇都处在独特的沿海自然环境中。广阔的湿地、滩涂等地形地貌可以决定小城镇景观的基本结构形态。另外,沿海小城镇天然水体、自然植被、广阔的农业用地等也可作为景观生态稳定带的骨架,都为景观规划提供了特色支持。

2. 体现人文历史特色

一个优秀的公共空间景观设计不仅在形式上符合大众审美的要求,更

为重要的是它能够激起人们心灵的触动。这就要求在景观设计的伊始,深入到这个城镇的文脉中去,提炼人文内涵。南通是一个文化大市,文化人才辈出,历史古迹众多。沿海小城镇公共空间景观设计要有意识地将这些要素融入现代设计中,充分展示它的文化和历史魅力。延续传统文化,力求体现传统文化的时代感和生命力,提高小城镇精神文明程度,让居民能感受到地方文化,从而增强对所居城镇的自豪感。如海门余东镇为国家历史文化名镇,是一座有1 300多年文字记载的历史古镇。始于唐代,兴于北宋,盛于明清,是通东文化的荟萃之地,现存有明、清、民国及近代各个时期的建筑,大门堂、木锁柱础、牛角屋脊等建筑形制,代表性的有明代法光寺、老城门(见图6)、千米石板街、崔桐故居、武进士故居,宋代的姐妹井(见图7),清代保安桥、张氏私塾、震丰恒布庄等特色的历史建筑,这部分建筑遗产是南通沿海地区不同时期的历史证物,反映了南通地区普通民居的地域特色及其明清至近代的演变过程。充分发掘这些拥有悠远历史的古迹,并将它们有机地融入公共空间景观规划设计中去。不仅丰富了沿海小城镇公共空间的景观特色,提升了公共空间景观的文化内涵,而且为传统文化的继承与发展提供了支持。

图6　余东老城门

图7　余东老街姐妹井

3. 满足群众精神需求

随着人们精神和情感需求的不断更新,一个公共空间景观的成功营建,不仅要通过新颖独特的视觉感知来吸引人,而且还需要公共空间景观场地的潜在价值被最大限度地挖掘出来,确立满足居民精神需求的景观主题,通过公共空间景观中所蕴含的意境和思想来满足人们的情感需求。主题是一个公共空间景观规划设计的灵魂,它是景观营造中的基本定位和发展目标,统领公共空间景观建设并贯穿于设计始终,目的是营造具有精神内涵和情感价值的景观。针对小城镇公共空间景观的规划设计,要在深入挖掘小城镇地域特色的基础上,充分调查分析使用人群的情感和归属需求,从而确立亲切、温暖的小城镇公共空间景观主题,引起游人的情感共鸣。使人们在行走过程中能够体会到归属感与认同感,促进人们积极乐观的生活态度并能留下美好难忘的回忆,以满足居民的情感和归属需求。

四、南通沿海小城镇公共空间景观设计方案建议

1. 多样性规划布局

南通沿海小城镇与中心城市有着很大的关联,同时又是周围乡村地域的中心,比中心城市保留着更多的乡村性。既有城市景观的特征,也有乡村景观的特征,是城乡景观生态特征的融合。因而沿海小城镇既有城市特有的现代化生活元素,也有城市难寻的田园、山水风光和浓厚的乡土气息。在景观规划的前期可以考察选择地域文化丰富、影响力辐射面大的城镇作为重点规划,并根据城镇的不同地点设计不同风格的公共空间景观,打造多样性的规划展示。

(1) 主题性公共空间景观设计。主题性景观对特定主题内容进行整体设计,创造出具有鲜明特色的体验空间,使群众在其中游览、休闲娱乐并且获得一定的教育,它能满足不同年龄层次群众的游憩需求。主题性公共空间景观设计,能够整体塑造城镇历史与文化,凸显城镇特色。南通沿海小城镇中心广场规划是小城镇公共空间景观的主要表现类型,可为居民集会、健身、休闲、交往、娱乐等活动提供相应公共空间,满足多种人群的需求。小城镇广场空间景观的规划要重视文化氛围的创造,周边安排文化设施。广场环境要多层次,为市民提供多样化的文化活动。注意铺地、灯光、音乐等手段的综合运用。激发人们公共文化活动的表演欲望、参与欲望,为广场注入更多的生命力和文化艺术魅力。如在启东寅阳镇原和合二仙休闲广场的设

计改造中,就合理地将主题式理念融入其中。原来的广场位于街道交叉十字路口一侧,整体围绕和合二仙雕塑进行规划,没有系统的规划设计。现在翻建设计的方案中(见图8),就将其定位为主题式公共空间景观设计,将"和合二仙传说"贯穿整个策划、设计以及经营运作过程的"主题"线索。通过合理的空间布局,贯穿了功能、美学和对技术的把握;并且能够照顾到大众的审美情趣和精神需求。同时,结合街道特点,划分休闲、散步、聊天、静心、活动等五大区域,以满足街区不同适用人群的需求,形成真正意义的主题性空间景观设计。

图8 寅阳镇和合二仙休闲广场景观整改方案

(2)街区景观带式的设计。南通沿海小城镇的街道,是当地居民生活的缩影,也是当地历史文化传承的重要载体。小城镇的街道作为构成小城镇空间的重要组成因素,是小城镇环境景观的重要组成部分,是最能体现小城镇活力的城镇空间。不仅在美化小城镇方面发挥着重要作用,更重要的是它满足了现代社会中人与人之间越来越多的交流需要,满足了人们对现代城镇公共活动场所的需求。因此,小城镇的街区景观便成为最能体现小城镇特色风貌的公共空间形象。

　　沿海小城镇街道景观建设是营造小城镇特色风貌的神气所在,作为最能直接体现小城镇特色风貌具体形象的城镇街道景观,在小城镇建设的设计中必须引起足够的重视,不但要使各项设施布局合理,为居民生产、生活创造方便。同时也应打造具有优美环境的街道景观,给人们提供干净、整洁、舒适的居住环境。有很多成功的案例,如苏州的观前街,就合理的运用街区景观带式的设计,将一条街道从原始的居住状态改变成街区景观带式设计,最终成为苏州乃至江南一条繁华的商业街区。在南通沿海小城镇中也有这样的街区可发掘,在海门,余东老街至今有近650年的历史(见图9)。整条街还完整地保存着2 146块石板街道(见图10),长846米,石板底部为下水道,古时还兼藏兵洞功能,水道穿城至护城河。老街周围,至今还保留有丰富的历史遗存,其中东岳庙、保安桥、姐妹井、武进士故居、张氏私塾、范氏宅院等都为海门市文物保护单位。这样的条件为街区景观带式的设计提供了良好的文化基础与建筑基础。通过合理规划,在保持基本格局和风貌的前提下,修筑街区建筑、雕塑小品,引入景观绿植等,以多样性的小面积景观丰富街道,进而带动整个街区的景观表现。

图9　余东老街街景　　　　图10　余东老街石板路

　　(3)强化景观小品设计。景观小品是城镇公共空间景观中不可少的内容,是景观建设中的重要元素之一,对美化城镇环境和满足居民的精神生活及展现城镇建设质量都起着十分重要的作用。公共空间景观小品作为传达独特信息的重要手段之一,是传承地域文化表达的物质载体,与其他设计要素一起共同构成了一个城镇最具鲜明特色的基本物质基础。处处彰显着文化气息的城镇总是让人流连忘返、随处可见的景观小品总会给观者带来意犹未尽的感觉。如果脱离了地方文化,那么它便失去了他所具有的根本属性——文化传达性,成为一件普通的商品,而不是艺术作品。

南通沿海小城镇文化气息浓郁,深厚的人文、历史积淀成为小城镇景观独特的个性表征。不同的小城镇保留着不同民俗、乡土文化和人文历史,很多城镇都有着优美的故事和传说。以吕四为例,吕四历史悠长,始于盛唐,原名白水荡,后周显德二年(公元955年)始设吕四场,已有千年行政历史。明嘉靖三十六年(公元1557年),为抵御倭寇侵犯骚扰,开始筑城名鹤城。对于吕四的取名有着各种各样美丽的传说,最出名的是说八仙中的吕洞宾来过四次而得名。因此,在景观小品的设计中紧密结合吕四地方民俗与传统文化,引入民间传说八仙元素,塑造吕洞宾形象(见图11、图12),并对此进行联想创意,衍生出更加丰富生动的景观小品,以此来营造独特的公共空间景观氛围。

图11 吕四港吕洞宾雕像

图12 吕四港仙鹤景观雕塑小品

2. 多层次立体化展示

南通沿海小城镇的地理位置特殊,且海拔平均,无山体与丘陵地貌特征。因此,在设计形式创意中,应根据景观学原理和方法合理地规划沿海小城镇的公共空间景观结构,将公共空间景观进行多层次、立体化的展示。在公共空间景观的布置上,高低应搭配得当、比例应合理,使景观具有丰富的轮廓。按景观生态学理论可分为斑块、廊道、基质三大部分,各种景观要素的数量及其空间分布更加合理,使景观规划中的信息流、物质流与能量流畅通,这样不仅符合景观学原理,有一定的美学价值,而且适于人们日常生活活动。

南通沿海小城镇公共空间景观设计应符合人们观赏景观的视距和视野角度。首先,将景观有序地分为远景、中景、近景。其次,将本区域内的特殊地理、人文环境要素加入景观规划中去。以环境的角度来划分景观,将公共空间景观分为自然景观、轴向景观和街区景观。另外,合理划分景观的构成角度,将景观分为物质性景观和非物质性景观。人们在视觉上可以认识的实体景观,包括人工景观、自然景观,即为物质性景观。而以物质性景观为载体,通过人类活动而形成的一种非实体景观,是寄托在物质景观中的文化痕迹,是一种高层次的设计理念目标,为人文活动景观。将以上几种划分合理组合优化,形成多角度、多层次的公共空间景观设计,使人们产生更多的视觉空间感,真正塑造成为立体化的展示空间(见图13、图14)。

图13 洋口港公共空间生态景观规划

图14 洋口港公共空间生态景观规划

3. 无障碍设计

首先,公共空间的人性化设计也体现在对特殊人群的无障碍设计。特殊群体主要包括老年人、残疾人、儿童、孕妇等与普通人相比处于相对弱势的群体。在人文关怀的设计理念下,设计师要充分关注特殊群体的尊重需求。不忽视、不歧视、不侮辱、不嘲笑,并有针对性的为特殊群体提供便利,开辟适宜的公共空间。随着我国人口老龄化的加剧,老年人所占的人口比重逐年增大,尤其是在小城镇中,相当一部分年轻人都去大城市求学或就业,造成小城镇老年人所占的比重越来越大。因此,在进行小城镇公共空间景观的规划设计时要充分考虑老年人的需求。老年人有其独特的生理及行为特点,其生理结构和身体机能都不再如从前,对环境刺激的抵御能力也逐渐下降,行动变得越来越迟缓,不宜进行较为剧烈的活动。但是老年人也需要适当的景观休闲空间,进行沟通交流和活动锻炼,以保证其身心健康。在小城镇公共空间景观的设计中,要充分尊重老年人的需求,在安全便捷的基础下,为其创造安静、轻松、宜人的活动场所。保证良好的通风和充足的阳光,多栽植健康保健类植物,并设置完善的休息和服务设施,促进老年人之间的沟通交流。有针对性地开辟老年人活动场所,使老年人感受到不被忽略并得到尊重,体会社会对其的特殊关怀。

其次,公共空间景观一般是针对普通人群的审美取向和使用需求来设计的。这个过程中往往忽视了那些在某方面自理能力稍差或存在生理缺陷的残疾人,缺乏对弱势群体精神需求的重视与尊重。如何使公园的规划设计满足弱势人群的需求,创建一个平等、友爱、相互尊重的园林环境也是设计师必须要考虑的问题。残疾人在生理和心理方面都有其自身的特征,生理上他们的感觉能力弱、行动较不方便,心理上渴望被尊重、关爱,惧怕被嘲笑、被忽视。因此在公园的景观设计时,设计师可以通过无障碍设计的手法来关注残疾人的精神需求,给予他们关怀与尊重。例如设置无障碍出入口,构建完整的盲道系统,选择用坡度适宜的坡道来代替台阶,设置专用的厕所、通道等服务设施,建立具有高度识别性的标识系统或设置盲文标识等辅助设施等,实现对特殊群体的尊重与关怀(见图15)。

图15　寅阳镇和合二仙休闲广场残疾人无障碍通道设计

南通沿海小城镇的公共空间景观规划设计是一个全新的课题。创造一个具有高度文化特色、充满艺术魅力的小城镇公共空间景观环境是设计师的职责。南通沿海小城镇众多,特点特色各不相同,在景观规划的前期可以考察选择地域文化辐射面大、影响力广的城镇作为重点,打造精品公共景观设计方案,并以点带面,带动周边城镇的有序发展。好的公共空间景观不仅要达到人与自然的交流,更要达到人与人、人与社会的交流。建设有特色的

南通沿海小城镇公共空间景观可以大幅度提升小城镇的形象水平,优化小城镇整体文化特色。在人们视觉上产生愉悦感,吸引更多居民到南通沿海小城镇安居置业,实现南通沿海小城镇的可持续发展。

南通大学艺术学院　黄天灵
南通大学艺术学院　阚　璇
南通大学艺术学院　徐颖婷
南通大学艺术学院　黄　霄
南通大学艺术学院　王文杰

(本研究报告为2013年江苏沿海沿江发展研究院招标课题"南通沿海小城镇公共空间景观设计研究"研究成果)

南通与长江经济带沿线重点城市合作研究

摘 要 城市合作是特定地域空间中城市共生演化的动态过程,通过资源共享、优势互补、产业分工协作、城市互动合作,有助于打破行政分割和市场壁垒,推动经济要素有序自由流动、资源高效配置、市场统一融合,进而促进城市一体化发展。南通和上海、武汉、重庆、成都等重点城市同处于长江经济带流域,城市、产业、资源、文化等各有特色,在比较南通和沿线重点城市社会经济发展的基础上,分析南通与沿线重点城市合作的机遇与挑战,研究城市间合作的驱动因素,运用博弈模型论证南通与沿线重点城市合作的必然性,并从市场互联、信息互通、文化互融、资源互补等五个方面提出南通与长江经济带沿线重点城市合作的对策,以推动城市合作向高级形态演化。

长江经济带横跨我国东中西三大区域,覆盖11个省市,人口和经济总量均超过全国的40%,生态地位重要、综合实力强、发展潜力巨大。2016年9月国务院正式颁布了《长江经济带发展规划纲要》(以下简称《纲要》),《纲要》提出以长江黄金水道为依托,发挥上海、武汉、重庆的核心作用,推动经济由沿海溯江而上梯度发展,充分发挥长江三角洲、长江中游和成渝三大城市群中中心城市的辐射作用,以及地级城市的支撑作用,打造长江经济带三大增长极。城市合作是生产社会化和地区分工发展的结果,是区域经济一体化的内在要求,城市间由竞争走向合作,已成为世界的主流趋势。南通与长江经济带沿线重点城市的合作,可实现资源共享、优势互补,产业分工协作、城市互动合作,有助于打破行政分割和市场壁垒,推动经济要素有序自由流动、资源高效配置、市场统一融合,促进区域经济协同发展;有助于探索与发展地方经济"合作网络"的多元化模式,培育南通国际竞争新优势,对南通打造创新之都、花园城市,建设长三角北翼经济中心作用巨大。

一、长江经济带沿线重点城市分布与社会经济发展状况

长江经济带已形成上海为核心的长三角城市群,武汉为核心的长江中游城市群和以成都、重庆为核心成渝城市群等三大城市群,沿线重点城市主要包括上海、南京、合肥、武汉、重庆和成都,其中上海和重庆为直辖市,其余城市皆为各省省会;按城市能级划分,除合肥外,其余城市都为国内一线城市。南通与长江经济带沿线重点城市社会经济发展状况见表1。

表1 2015年南通与长江经济带沿线重点城市主要经济指标对比

2015年	版图面积	常住人口	地区生产总值	规模以上工业增加值	固定资产投资	社会消费品零售总额	地方公共财政预算收入	金融机构本外币存款余额	金融机构本外币贷款余额
单位	平方千米	万人	亿元	亿元	亿元	亿元	亿元	亿元	亿元
上海	6 340	2 415	24 965	7 110	6 353	10 056	5 519	103 761	53 387
南京	6 597	824	9 721	3 043	5 484	4 590	1 020	26 472	18 952
合肥	11 445	779	5 660	2 256	6 153	2 184	572	11 194	10 171
武汉	8 494	1 061	10 906	4 082	7 725	5 102	1 246	19 393	17 136
重庆	82 403	3 017	15 720	5 558	15 480	6 424	2 155	28 779	22 955
成都	12 390	1 466	10 801	4 056	7 007	4 946	1 158	29 475	21 971
南通	8 544	730	6 148	2 902	4 376	2 379	626	9 843	6 081

由表1可见,长江经济带沿线重点城市经济指标,除了合肥与南通基本相当外,其他城市的经济发展指标都远超过南通。上海是中国最重要的经济中心和国际性大都市、世界城市,长三角城市群核心城市,先进制造业与现代服务业发达,上海将建设成为国际金融中心、贸易中心、航运中心和经济中心。南京是长江经济带下游重要节点城市,是长三角副中心城市,国家中心城市,长三角地区除上海外,唯一的特大型城市;南京产业结构完整,科教实力雄厚,区位优势显著且辐射带动性强。合肥是皖江城市群核心城市,

中国东部重要中心城市、国家重要的科研教育基地、国家重大科学工程布局重点城市、现代制造业基地和综合交通枢纽;合肥产业门类齐全,基本涉及国内的轻工业、重工业、服务业等大多数行业,各类开发区众多,且国家级研究院所众多,大中专院校密集,技术创新能力与孵化、转化能力较强。

武汉在长江经带城市群中占有重要地位,是国家中心城市和国际化大都市,具有制造业优势、科教优势、区位与交通枢纽优势以及民营经济优势,并可望成为中国区域经济的"第四增长极"。重庆是长江经济带上游经济中心、成渝城市圈与三峡城市群的核心,是国家重要的中心城市和现代制造业基地、交通枢纽和贸易口岸,是西部大开发的战略支点;重庆拥有强大的工业基础,是西部最大的工业城市,拥有黄金水道长江,是西部地区货物江海联运的出海口,在地理位置上起到承东启西的作用。成都是国家中心城市、城渝城市圈的核心城市,是西南地区经济中心、科技中心、文创中心和综合交通枢纽,是全球重要的电子信息产业基地、国家新型工业化产业基地和国家新能源、新材料产业基地;成都基础设施完善,是中国第四大航空枢纽、市场辐射能力强。长江经济带沿线六大重点城市,凭借其悠久的城市文化影响力、极高的城市级别、丰富的资源优势、庞大的经济总量、完整的产业结构、强大的科教实力与区域辐射带动能力,在长江经济带中起到核心支撑作用,南通与长江经济带沿线重点城市对比一览表见表2。

表2 南通与长江经济带沿线重点城市对比一览表

2015年	人口密度、城市历史文化特征	单位国土面积GDP、城市级别	主要支柱产业及特色新兴产业	地理位置与区位特征	研发投入占比、普通高校数量及在校学生人数	资源优势
上海	3 809人/平方千米、历史文化名城、海派文化发祥地	3.94亿元/平方千米、中央直辖市、正部级城市	金融、商贸、航运电子信息、生物医药、石油化工、钢铁、基础原材料,装备制造等	对内对外两个扇面辐射的枢纽地位,国际大都市、世界城市	3.7%/67所/51.16万人	科教资源、文创资源、总部经济、航运资源、金融资源、国际化窗口

续表

2015年	人口密度、城市历史文化特征	单位国土面积GDP、城市级别	主要支柱产业及特色新兴产业	地理位置与区位特征	研发投入占比、普通高校数量及在校学生人数	资源优势
南京	1 249人/平方千米历史文化名城、四大古都之一	1.47亿元/平方千米、江苏省省会、副省级城市	电子、石化、钢铁、汽车、电力以及新能源汽车、智能装备、卫星应用、新一代互联网等	江汉平原与长三角结合部、国家中心城市、长三角副中心城市	3%/53所/70.62万人	科教资源，文化旅游资源、产业资源
合肥	681人/平方千米历史文化名城、江淮地区首府	0.49亿元/平方千米、安徽省省会、副省级城市	家电、电子信息、汽车及工程机械、化工及新型建材等；机器人、太阳能光伏、新型平板显示	皖江经济带与长三角交汇处、东部区域经济中心	3.2%/50所/61.5万人	文化资源、煤炭资源、科教资源、产业资源
武汉	1 249人/平方千米历史文化名城、有九省通衢之称	1.28亿元/平方千米、湖北省省会、副省级城市	汽车及零部件、电子信息制造、装备制造、食品烟草和能源环保；信息技术、生命健康、智能制造等	江汉平原、国家中心城市、中国内陆最大水陆空交通枢纽	3%/82所/106万人	文化旅游资源、科教资源、水资源、产业资源、区位资源
重庆	366人/平方千米历史文化名城、民国战时首都、永久陪都	0.19亿元/平方千米、中央直辖市、正部级城市	电子信息、汽车装备、化工材料、能源、消费品；机器人、智能终端、大数据、石墨烯、页岩气、生物医药等	中西部结合处，承东启西，沟通南北，国际大都市，国家中心城市	1.53%/64所/23万人	文化旅游资源、矿产资源、科教资源、产业资源、军工资源

续表

2015年	人口密度、城市历史文化特征	单位国土面积GDP、城市级别	主要支柱产业及特色新兴产业	地理位置与区位特征	研发投入占比、普通高校数量及在校学生人数	资源优势
成都	1 183人/平方千米、历史文化名城、巴蜀文化发源地	0.87亿元/平方千米、四川省省会、副省级城市	电子信息、生物医药、新材料、光机电一体化等先进制造业,以及旅游、文化休闲等	连接"一带一路"国家战略枢纽,"向西开放"战略前沿、国家中心城市	2.8%/56所/76万人	文化旅游资源、区位资源、科教资源、休闲美食资源、营商环境资源
南通	854人/平方千米、中国近代第一城	0.72亿元/平方千米、江苏省辖市、地市级城市	化工、轻纺、建筑、船舶海工、电子信息等	沿海经济带和长江经济带"T型"结合部	2.55%/8所/9万人	文化资源、区位资源

由表2可知,长江经济带沿线重点城市城市能级很高,历史文化底蕴深厚,都具有很强的科教资源优势、区位资源优势、文化旅游资源优势、产业资源优势或营商环境优势,且主导支撑产业基础雄厚和战略新型产业发展各有特色,在国家整体经济战略布局中扮演着重要的角色。南通在船舶海工、建筑、轻纺等传统特色产业方面具有一定的亮点,在区位资源方面优势较为突出。

二、南通与长江经济带沿线重点城市合作的机遇与挑战

(一) 机遇

1. 长江经济带国家战略带来的机遇

《纲要》的正式颁布,意味着长江经济带国家战略进入实施阶段。《纲要》强调生态优先,流域互动,从国家战略层面,要求流域内各城市间开展合作与交流,实现优势互补,集约发展。南通是长江经济带下游沿江节点城市,位于沿海经济带和长江经济带结合部,区位优势独特,在国家战略推动下,与流域内其他城市开展合作,是实现开放、共享与共赢的必然路径,并对

长江经济带发展起到支撑作用。

2. 产业有序转移与分工协作带来的机遇

长江流域自东向西经济发展水平呈连续阶梯状分布,依据要素禀赋理论和产业转移梯度理论,必然引致东部的资本、技术向中西部梯次转移;南通位于东部经济发达地区,随着劳动力等要素成本逐步提高,南通优势产业,如轻纺等劳动密集型产业,必然有向中西部转移的客观要求。从产业价值链角度,流域经济一体化、区域协调、产业分工协作与联动发展是大势所趋;基于统一市场的基础,整合流域上下游资源,发挥经济和技术的互补性,促进资源、资本、信息、技术、劳动等各类要素的自由流动,建立分工协作、优势互补的流域产业体系,有利于资源优化配置并提升流域经济的整体竞争力。南通有临江靠海的区位优势,产业门类齐全,发展基础较好,通过与沿线重点城市的产业合作,可实现资源整合与产业集聚,延伸拓展产业链,提升城市经济的整体水平。

3. 综合交通基础设施改善,缩短城市间空间距离

随着长江经济带沿线综合交通基础设施的不断完善,已形成高速公路、高速铁路、航空直达等多种快速运输方式并行联通的有利态势,使流域沿线城市之间的空间距离大大缩短,便捷方便了人员交往、技术、信息交流以及商业合作。以南通而言,多座过江通道和高速公路网,已实现南通与流域沿线重点城市互联互通;南通不但通过铁路交通网络,与流域沿线重点城市连接,还开通至武汉、成都、重庆等地直达空中航线;沪通高铁将使南通与上海无缝接轨;北沿江高铁将拉近南通与南京、合肥的空间距离。综合交通基础设施的改善,降低了南通与沿线重点城市跨区域合作的综合成本。

4. 长江黄金水道构成城市合作的天然纽带

长江是货运量位居全球内河第一的黄金水道。沿线重点城市上海、南京、武汉、重庆都为沿江城市,合肥通过巢河与长江相连,成都通过岷江与长江相接。水运是成本最低的运输方式,长江水运大通道功能,是长江经济带沿线城市间天然经济纽带。南通是长江下游沿江城市,可通过长江与沿线重点城市在多式联运、水水中转方面加强合作;依托临江靠海的地理优势和

江海组合港的有利条件,通过江海联运,承担长江经济带东部对外开放桥头堡的作用;同时,依托长江水运大通道,南通可将东部产品运往长江经济带腹地,启动腹地巨大的内需市场,并可通过渝新欧等国际铁路大通道,将产品直接出口至欧洲,打开南通对外开放的西部陆路通道,从而打造南通全方位开放的新格局,构建经济国际化的新动能。

5. 文化交往日益频繁

随着交通基础设施改善、区域互动的加强,城市间文化交流日益频繁。南通是我国近代史上中国人最早自主建设和全面经营的城市典范,在中国近代城市发展史上有着独特的地位。南通历史文化底蕴深厚,独特的江海文化孕育了许多文化名人,如借园主人李方膺,经史大家胡长龄,著名实业家、教育家张謇,著名画家范曾,表演大师赵丹等;南通还有享誉国内外的海安花鼓、如东跳马夫、海门山歌等文化表演艺术,以及江海美食、狼山风景区、濠河、博物馆群、如皋水惠园等一批文化旅游资源。近年来,南通加大与沿线重点城市的文化交往,如南通每年都在上海召开旅游招商推介会,沪通两地旅游合作模式也从传统的互送客源向品质互惠、产业共融、文化纵深合作转变。南通至武汉、重庆等城市铁路动车组的开通,缩短了旅行时间,加强南通与沿线重点城市人员的来往与文化交流;南通良好的宜居环境也吸引了一大批原籍合肥、武汉、重庆的各类人士成为"新南通人"。南通与沿线重点城市间频繁的文化交往,奠定了城市间合作的基础。

(二) 挑战

1. 城市能级差距大,政府行政级别不对等

城市能级差异对城市间合作产生消极影响。长江经济带沿线重点城市中,上海、重庆是直辖市,其他城市都为省会城市;上海、南京、武汉、成都更是国家中心城市,特大型城市,代表着国家形象。而南通虽然被确定为新二线城市,但其仅为江苏省的省辖市,城市规模与能级远低于沿线重点城市;南通地方政府的行政级别为市厅级,而沿线重点城市政府级别皆为副省级或正部级。城市间能级差异,弱化了城市合作的内容与层次;而政府行政级别不对等,则导致政府主导下的城市合作,仅在沿线重点城市下辖的区一级

层面开展,使城市合作的广度与深度受到严重制约。

2. 城市间的竞争呈现日趋激烈的态势

经济资源的竞争是现代城市发展过程中不可避免的现象。长江经济带沿线城市间的竞争也十分激烈,其首先表现为地方保护主义、市场分割和"行政区"经济,其阻碍了要素资源自由流动和区域经济一体化。南通在城市合作中对沿线重点城市人才、资本、技术资源等方面引入,以及本地传统优势产品在中西部城市的拓展方面,受到城市地方保护主义的制约。其次,城市间产业分工与产业趋同的困境,特别在战略性新兴产业方面,各城市发展定位趋同性过强,易导致招商引资中的恶性竞争和人才资源的激烈争夺。而南通作为省辖市,在政策资源供给、城市影响力等方面无法与沿线重点城市比拟,从而导致南通在产业资源、人才资源竞争方面处于非常不利的态势。再次,城市间利益平衡与补偿机制缺失,更招致竞争远大于合作,而南通受城市能级制约,在竞争中处于弱势地位,引致南通与沿线重点城市合作动能弱化与合作内容边缘化。

3. 城市空间辐射效应制约

区域中心城市对域内城市的辐射带动能力较强,而对域外城市的影响力相对较弱,表现为中心城市与城市群内城市有着较高的耦合度。长江经济带沿线重点城市皆为区域性经济中心,与区域内城市的合作强度远高于与区域外城市的合作强度。南通位于长三角核心区,从空间上而言,受上海、南京辐射带动较强,但受沿线其他重点城市影响较弱,合作强度也必然受到影响。基于资源互补和城市空间扩展、辐射需要,各区域中心城市间的合作往往能形成强强联合、协同发展,而南通长三角北翼经济中心的地位尚未确定,经济空间辐射带动作用不突出,必然制约南通与沿线重点城市合作的深度与广度。

4. 产业基础尚显薄弱,对外窗口门户功能不强

近年来,南通经济发展取得巨大进步,已进入江苏经济第一方阵,且多项经济指标列于全国地级市前十位。海洋工程和船舶及重装备、新能源和能源及装备、电子信息、石化及新材料、纺织服装、轻工食品等六大主导产业

产值均超千亿元;但产业层次偏低,新兴产业薄弱,重大项目偏少,缺乏大企业、大集团;产业集聚度不够,产业载体特色不突出,创新平台不完善等问题长期存在。沿线重点城市具有高技能人才、高端创新人才聚集的优势;但南通产业基础薄弱,产业创新能力提升缓慢,对沿线重点城市的高端人才的吸引力不强。另一方面,尽管南通对外交流广泛,并有"新侨之乡"的称号,拥有综合保税区等对外开放平台,和众多的沿江沿海码头,但却存在国际航班不多,国际船运航线较少,港口集装箱转运量不足,集疏运体系落后,贸易便利化程度不高,营商环境有待改善等短板,无法实现东部对外开放的门户、窗口功能。

三、南通与长江经济带沿线重点城市合作驱动因素

(一) 动力机制

城市合作往往由市场或者政府发起,然后进入到政府主导+市场驱动阶段,进而演化为市场主导+政府驱动阶段,最后达到"市场主导+制度"驱动阶段,并呈现制度一体化趋势(于涛方,李娜,2005)。从深度与广度而言,南通与沿线重点城市合作尚处于政府发起阶段,并主要由南通市政府的单方面推动;政府主导城市间合作,虽有利于城市间合作的协调,但若市场动力过弱,极易陷入单方面人为控制合作路径和方向的陷阱,实践中导致城市合作遭受巨大挫折,从城市演化理论角度,不利于城市间合作向高级阶段发展。

(二) 伙伴选择

城市合作伙伴的选择,涉及区位邻近、资源汇集、关系网络、规模经济、城市实力等诸多因素。南通与上海临近,空间腹地大,易接受上海产业转移且关系密切,因此南通与上海合作,应突出与上海的全面接轨;南通与南京、武汉、重庆、成都的合作则更强调资源的汇集,特别是对人才资源、产业资源等的有效引入。南通与合肥,城市经济实力相当,且分属不同城市群,双方合作有利于南通与皖江经济带其他城市的合作与产业有序转移。按照城市共生演化理论,合理而稳定的城市合作结构,往往由优势种群与合作种群所

组成；南通城市能级总体落后于沿线重点城市，其在合作中处于从属种群，有利于构建稳定而长效合作机制。

（三）参与者

城市合作的参与者主要包括各级政府、企业、非政府组织以及学术精英、社区和个人。南通与沿线重点城市的合作，主要停留在政府层面，以开展各类招商引资、引智活动为主，如在上海举办沪通产业合作恳谈会，在武汉召开项目合作洽谈会，在重庆、成都召开各类招才引智活动等。但在制度和经济转型背景下，企业、非政府组织和学术精英的积极参与，能推进城市合作的效果。南通与沿线重点城市的企业合作目前尚处于启动阶段，大都集中在贸易合作层面，但产业合作深度不够，各类协会与学术界的合作尚处于较低层次。

（四）重大事件、周围环境和适应能力

重大事件往往对城市合作产生重大影响。南通每年定期举办一些重大活动，如南通江海国际博览会，江海英才创业周，长江经济带高层论坛等活动，这为扩大南通城市影响力，促进了南通与沿线重点城市的合作。在环境与适应能力方面，南通近年来实施跨江合作，产生较好效果，已形成了16个跨江合作园区，为城市间项目合作、产业转移搭建平台，并为南通与长江经济带沿线其他重点城市的合作提供范例。基于多年跨江合作的基础和经验，南通在开展与沿线重点城市合作中的自适应能力较强。

（五）合作方式

引入合作与协调机制，是解决城市合作系统不稳定的有效举措。南通与沿线重点城市之间建立了有效的政府间协调机制，如通过长三角协调会与市长联席会机制，加强了与上海、南京等重点城市的合作；南通与武汉签订战略性合作协议，共建长江黄金水道；南通与成都签订产业发展战略合作论坛等，这为构建城市增长联盟奠定基础；而城市非政府间合作协调机制，正通过行业协会，高校科研院所，兼并重组企业、外地南通同乡会等多元化主体，有序推进中。

四、南通与长江经济带沿线重点城市合作对策

（一）提升城市能级，放大特色产业优势，以要素集聚带动知识溢出

以建设花园城市、创新之都和青年友好型城市为契机，南通可打造城市品牌，提升城市影响力，推动南通与沿线重点城市的要素互动。一是大力营造宜居、宜业、宜创的城市环境，提升城市功能与产业能级，吸引合肥、武汉、重庆、成都等城市的高水平科技人才、创新型企业家、高技能人才和以"新四军"为代表的创业人才来通工作、定居、创新创业；控制物价、房价，形成长三角周边地区"成本洼地"，吸引上海、南京等地中高端人才来南通发展。加强与沿线重点城市一流高校的合作，通过开办短期培训班、进修考察、学历学位教育，加强南通本土技能型人才培训和科技型人才培养；设立专业金融资本，与沿线重点城市建立长江经济带创业教育联盟，培育创新创业人才，对来通专业人才定点投资。

放大南通特色产业优势，吸引沿线重点城市的民间资金、国有资本会聚南通。发挥南通轻纺、化工、建筑、船舶海工等产业优势，布局产业上下游资金链，构建商品、原材料等大宗产品交易市场，带动资金在南通流动与汇集；成立优势主导产业引导基金和战略性新兴产业发展基金，翘动沿线重点城市社会资本，促进南通传统产业转型升级和新兴产业增量发展。发挥南通民间资本雄厚的优势，引导民间闲散资金到沿线重点城市收购重组与南通配套的企业项目；利用中西部地区企业在资本市场优先上市的政策，鼓励南通拟上市成熟企业，到重庆、成都等地成立集团总部，优先申请上市的指标，实现资本市场融资并反哺南通基地企业的快速扩张。

加强与沿线重点城市高校、科研院所产学研合作，共享重点城市研发平台，组建一批集科学创新、技术创新和企业创新为一体的新型研发机构和特色产业科技创新平台，引入技术团队、科创资源，推动产业创新；鼓励南通企业与沿线重点城市高校、科研院所在项目攻关、技术验证等方面加强合作；引导有条件的企业成立院士工作站、重点实验室、技术转化中心等企业内研发平台、创新中心；通过专业金融资本与互联网链接高等院校、科研机构、产

业园区和企业,实现金融资本与科技创新的无缝对接,促进科技资源自由流动与成果转化。

(二)突出江—海—铁联动效应,整合产业载体,以资源互补带动产业融合

加强南通沿江沿海港口以及集疏运体系建设,依托长江黄金水道,与沿线重点城市在产品、原材料等资源方面互通有无;开展物流合作,扩大与沿线重点城市港口、公铁枢纽中心的合作,以水水中转为核心,打造多式联运中心,放大"江海联运"的交通资源优势;加强与中外运长航集团、重庆川江船务、民生轮船等国内主要内河航运公司沟通,力争使南通成为长江航线主要靠泊点;与中国长航、中远、马仕基、OOCL等中外航运公司合作,增加以南通沿江港口为目的港的沿海近海航线,增加以南通沿海港口为目的港的远洋航线数量;打通运河航道,实现沿江与沿海港口直接贯通。利用渝新欧国际铁路大通道,将南通优势产品,由陆路直接出口欧洲地区,节省运输时间,扩大对外贸易。

整合规划南通各类园区的功能定位,优化完善软硬件环境,吸引沿线重点城市的国有大型骨干企业,军工企业建立分厂或地区性总部;开展园区与特色产业基地合作,按行业特点与产业规划,在南通相关园区设置园中园、区中园,协商建立合理的利益分享与补偿机制,吸引产业项目落户园区。加强产业资源对接,主动切入沿线重点城市产业的电子信息、汽车摩托车、电力装备、工程机械、新材料、新能源等产业链细分环节和产业配套环节,加强产业集聚并通过产业创新,纵向延伸与横向拓展产业链,推动南通与沿线重点城市的产业融合。基于沿线重点城市人才资源和研发设计优势,南通的家纺、轻工等优势制造类产业可将设计、研发等产品前端委托给沿线重点城市的相关企事业单位,实现产业与人才、技术资源的有效对接。

(三)构建产业协调机制,扩大多元化交流,以信息互通带动合作层次提升

建立南通与沿线重点城市的政府协调机制,通过定期联席会议形式,在产业发展规划协调,信息沟通合作协调、产业配套合作协调等方面建立长效

协作机制,如南通与武汉可协调双方船舶海工配套产业合作,鼓励双方船舶海工及骨干配套企业互设分支机构或开展业务,构建两地船舶海工及配套产业链;南通与重庆可协调搭建两地纺织服装企业对接交流平台,推动纺织服装产业有序转移,加强汽车及零部件产业配套合作;南通与成都可协调搭建电子信息、新材料、新能源等方面的合作平台等。

利用现代互联网技术,与沿线重点城市合作建设项目投资信息平台,推动招商引资合作;建立城市间企业信息发布平台,鼓励企业间就人才、技术、市场、资本等供需信息开展交流。发挥沿线重点城市中的南通商会、南通校友会等民间社会组织,在要素资源、产品供求、项目投资等方面的信息沟通作用;由行业协会协调政府与企业,构建城际行业创新联盟和大数据系统,使之成为城市间行业信息交流的重要平台;支持鼓励南通大学长江经济带研究院,与上海社科院、湖北社科院、重庆智库等研究机构的学术合作,以政府购买方式,委托南通大学长江经济带研究院对南通与沿线重点城市的合作开展深入研究。

通过全方位信息互动,南通与沿线重点城市可合作打造一批世界级企业,并以其为主导,联合上下游企业、高校、科研院所,组建多领域、多形式产学研创新联盟,推动跨领域跨行业的协同创新。南通与沿线重点城市合作,要逐步向城际间社会经济活动互动频率加大,城市间利益分享与补偿机制完善,产业间优势互补、分工协作的深层次融合,企业间互通有无、做大做强,深入推进。

(四)建立市场开放体系,促进价值链融合,以市场互联互通带动一体化进程

以城市合作推动要素市场、商品市场和服务市场全面开放。建立市场开放体系,由市场机制配置经济资源,是城市合作的前提,如在人才要素市场,南通应出台与沿线重点城市相匹配的薪资指导体系,促进沿线重点城市的技能型人才、中高端人才来南通就业。为了促进科技成果转化,技术转移市场在科技服务体制、知识产权评估、技术交易程序等方面,须与沿线重点城市接轨;南通还可与沿线重点城市建立一体化金融服务市场,以政府基金

为杠杆建立合作金融资本区,吸引沿线重点城市的天使投资、风险投资、私募股权投资等来通设立机构;打破行政与市场壁垒,在项目立项审批、市场监管、政府商品采购等方面形成合作城市间无差别对待政策。

加大生产性服务业市场对接,发挥沿线重点城市生产性服务业人才、技术和管理优势,带动南通研发设计、检验检测、物联网系统、智慧物流等生产性服务业市场总体水平提升,促进南通实体经济发展。培育良好的营商环境,吸引沿线重点城市客商来通从事高端生活性服务业,引导其向智慧服务、融合服务、集聚服务、品质服务、精准服务、安全服务发展。南通与沿线重点城市间产业融合与市场互联,将促进城市间产业价值链整体提升,推动城市合作向一体化发展。

(五)构建文化合作机制,促进文化交流,以文化互融带动城市间全方位合作

长江经济带沿线重点城市居民收入相对较高,对文化休闲娱乐有着更高的需求,旅游与文化产业合作将成为南通与沿线重点城市文化合作的主要抓手。首先,要在沿线重点城市大力推广南通旅游资源和富有魅力的江海文化,与国内大型旅行社加强沟通,将南通列为中西部重点城市游客来东部旅游时必经游览点;其次,南通要借力沿线重点城市文化资源和产业发展经验,打造具有特色的南通现代文化产业。与沿线重点城市的文化产业园相融合,大力引进其文化企业、文化金融或委托经营管理;注重文化产品市场的互补,如通派红木家具、园林盆景、蓝印画布、扎染产品等可利用互联网销售,成为当地居民的艺术收藏品、送礼佳品等;通过挂职锻炼、短期进修等方式开展文化经营管理人才培养与交流。

开展多种形式的文化交流活动,加深合作城市间彼此文化的了解与认同。充分发挥民间艺术团体、收藏爱好者、艺术家等民间人士在文化合作中的桥梁作用,使民间文化交流成为城市文化互融的催化剂。促进文化习俗的相互融合,如以举办文化旅游节、美食节为平台,将南通江海饮食文化与川菜文化、火锅文化充分融合,形成文化共鸣;同时,在传统文化传承和保护,文化人才培养、生态文化打造等方面,南通与沿线重点城市间也有巨大合作空间。文化互融将从心理层面拉近城市间距离,助推城市间产业合作、资源互补和人员来往,推动南通与沿线重点城市合作,向更广阔的空间发展。

南通大学商学院　胡俊峰

[本研究报告为2015年江苏沿海沿江发展研究院招标课题"南通与长江经济带沿线重点城市合作问题研究"(Z201501)研究成果]

打造江海航运新通道，建设区域交通主枢纽

摘　要　浚深南通东西向运河，建设长江口分流新通道，是缓解长江口深水航道通航压力，提升航运效率与航运安全的完美选项，也是南通建设区域性交通枢纽，对接上海，服务长江经济带的重大举措。南通应以新航道建设为契机，敢为人先，勇挑引领型发展的重担，率先布局应对后深水航道时代港口竞争与区域博弈，全力打造航运新优势，巩固江海门户港和沿海、沿江两大战略通道主枢纽地位。为加快深水航道建设进程，南通需要创新协同体制机制，形成省部共建＋区域合作模式，建构多元融资、多式联运、"三生"空间协调等多层次联动机制。

南通市通江达海，地处国家沿江、沿海两大战略通道交汇点，天生具有成为区域性交通枢纽的禀赋条件。2016年南通城市工作会议提出建设区域性交通枢纽、长三角北翼经济中心的发展目标，完全契合其区位优势，但目前南通尚缺乏联通沿江、沿海、长三角三个交通体系的枢纽设施和功能，即使在江海直达、转运体系中也不具竞争优势。区域经济中心首先是区域交通枢纽，然后才是产业中心。南通要成为长三角北翼经济中心城市，必须不断提升其作为沿江、沿海大通道主枢纽的地位和功能，提升服务上海、长三角和长江经济带的能力。因此，"十三五"期间，积极打造航运新优势，大力发展通道经济是南通面临的首要任务。

一、进入国家战略纵深推进期,南通面临边缘化困境

受惠于江苏沿江开发战略、江苏沿海开发战略、长江经济带战略,南通市经济社会发展较快,2015年实现GDP 6 120亿元,省内排名第4,全国排名第24位,列江苏第一方阵。正如省委书记李强在2016年苏南五市和南通市党委主要负责同志座谈会上指出的,南通市与苏南五市在全省发展大局中具有举足轻重的地位,具有基础好、实力强、体量大的优势,在全省发展大局中发挥着重要引领作用。

但随着国家战略向纵深推进,南通得到的战略持续关注度及省内政策配套明显落后于宁镇扬、苏锡常、杭州湾、宁波、皖江等其他城市群,容易陷于"单打独斗"的边缘化困境,处于十分不利的竞争态势。

首先,长三角北翼交通枢纽南通与南翼交通枢纽宁波—舟山的差距进一步拉大。受国外经济形势持续低迷、国内产能过剩、市县协同不足等因素影响,南通沿海地区港口贸易规模与临港工业规模有限,且布局分散,没有形成具有区域影响力的新增长极。国家战略赋予的通州湾江海联动发展任务没有取得实质性突破。南通在远洋贸易、江海航运、临港产业等方面已经远远落后于宁波—舟山。

其次,后深水航道时代航运优势均质化意味着南通将面临更加惨烈的港口竞争。2014年7月,12.5米深水航道延至南通天生港,在此后18个月内,进出南通港5万吨级以上船舶超过2 000艘次,海轮单船增加载重约8 000吨。深水航道带给南通的大船效应极为显著,但也极为短暂。2016年7月5日长江南京以下深水航道全线贯通,自此5万吨级海轮可全天候直抵南京港,10万吨级及以上海轮也可减载乘潮抵达。南京港成为距离中西部腹地最近的海港。后深水航道时代航运格局的颠覆和深水航道优势均质化意味着南通、南京、镇江、苏州、江阴、泰州六个亿吨级大港将陷于惨烈的竞争。其中西部门户南京港是江苏全力打造的区域性航运物流中心,目前正在加快实施"三枢纽一平台"战略,是最有实力的竞争者。面对国家战略关注度降低和后深水航道时代的巨大挑战,如何立足区位优势,寻找错位发展

的新领域、区域合作新空间,率先破局,是东部门户港城南通亟待解决的难题。

二、服务上海和长江经济带,南通面临新机遇

(一)长江口主航道通航效率与航运安全亟待升级

长江南京以下航段12.5米深水航道通航后,大船效应逐渐显现出来,但长江口仍然面临两大困境:一是长江口深水主航道和南漕航道船舶密度几近饱和,严重影响通行效率与航运安全。2010年3月14日,长江口深水主航道三期工程完工后,每天进出船舶多达数百艘,船舶密度饱和,航道负荷加剧,导致航道拥堵时有发生,严重影响航运效率。南漕航道每年通行15万艘次万吨以下船舶,占到长江口通行船舶的79%,交通密度同样过大。另外,由于主航道船舶安全距离不足1海里,高峰时两船间隔不足0.5海里,极易引发航运安全事故;维护长江口深水的大型耙吸船穿插在商船流中作业,也容易引发航运事故;南漕航道络绎不绝的船流对经由深水航道进出上海沿江港口的大型船舶也造成极大困扰,极易发生碰撞。二是长江口深水航道维护难度大,清淤成本高昂。据上海航道管理局数据,长江口12.5米深水航道年清淤总量平均约为8 000万立方,基本上相当于长江口深水航道一期、二期工程的总疏浚量。如遇台风,海上大量浮泥乘潮冲入深水航道,清淤压力更大。长江口困境严重制约深水航道工程航运红利的最大化,制约着上海沿江港口的发展。因此,为确保长江口主航道发挥其深水通道优势,确保航运高效、安全运行,必须按照船舶吃水深度,采取分流措施。

(二)疏浚长江口南漕、北港航道会引发系统性风险

为破解后深水航道时代长江口拥堵困境,航运专家和一线引水员做了大量研究,提出设立北漕紧急锚地、疏浚主航道南北两侧水域、疏浚长江口南漕航道和北港航道供吃水较浅船舶航行的建议。该建议也符合《长江口航道发展规划》中提出的"一主两辅一支"的航道规划。但长江口任何新的航道疏浚工程都应确保深水主航道水深不受影响。众所周知,由于江海交汇特有的水沙运动特点,长江口形成长达数十公里的拦门沙区段,滩顶自然

水深仅5.5~6米,是通海航道的碍航段,但是也是保持口门内水深的漫水坝。南漕、北港航道拦门沙滩顶水深只有5.5~6米,但是航道内水深却达到10米就是这个道理。长江口深水航道的北漕段就相当于在拦门沙上打开一个12.5米深、400米宽的缺口,再疏浚南漕、北港航道意味着全面打开长江口拦门沙,必然对长江口和主航道水流速度、流向、水深产生巨大影响,在长江流量大体恒定的前提下,会引发水量与水深不足、咸潮内侵、生态危机、城市供水不足等连锁反应,带来系统性风险。

事实上,长江口深水航道贯通以后,长江口航道水流和流速已经发生不小的变化。深水主航道内水流加快,船舶顶流航行难度加大;主航道相邻水域水流转向,流速放缓,泥沙沉积加大,为此上海沿江外高桥集装箱码头泊位水深变浅,导致五代集装箱船搁浅事件,成为"不安全码头"。上海港也成为"不安全集装箱港口",损失巨大。由此可见,在长江口深水航道水量大体恒定的状态下,再深浚12.5米主航道两侧水域,会导致水流速度更快,导致整个航段水深变浅,必然对主航道水深维护产生不利的影响。另外,南漕航道每年通航近16万艘次万吨以下船舶,已经严重过载,对进出上海沿江港口大船已造成严重影响,从通航看,已经没有再疏浚的必要。因此,分流长江口航运压力是必然,而且应另辟蹊径。

(三)深浚南通东西向运河可建设最经济的江海分流新通道

受北半球地球引力、海洋潮汐和长江泥沙增多等因素影响,长江口水道将继续向前延伸,航道曲折漫长、沙洲众多的局面将更加严重,因此深水航道交通拥挤、航运风险加剧、维护成本高昂的局面也将长期存在。考虑到上海航道局维护航道的巨大压力以及再疏浚深槽南北水域会带来系统性风险,分流通道最好离开长江口,在长江三角洲空间尺度上寻求新的解决方案。

按照经济便捷原则,可以疏浚南通东西向运河,建设最短入海航道。该工程的实质是截弯取直,即避开长江口曲折航道和沙洲浅滩,由南通沿江建最短通道直达黄海。南通沿海地区有小庙洪、烂沙洋等多条10米以上水深的入海航道,皆为古长江漫流时代的入海通道。目前已建成的洋口港、吕四港、通州湾港口就以上述深水主泓为航道。从目前东西运河航道看,通吕运河和九圩港连接通州湾港口和沿江港口,航道短而直,可以作为升级对象。九圩港入江段离南通城市较远,拆迁量较小,与火车站距离不远,拥有充足的港口背后地,是建设双向通航航道的最好选择。南通东西向运河改造工程可以为两个阶段:一期水深9.5米,万吨及以下杂散货船无障碍通行,可为南漕航道和上海沿江港口分流压力;二期水深10.5米,通行两三万吨以下船舶,可为长江口主航道分流压力。届时5万吨以上船舶主要由长江口深水主航道进出,三万吨以下船舶由通州湾进出。目前东西通吕运河、通扬复线、通栟—通同线运河水深多为二米上下的三级以下航道,初期疏浚成本高昂,但是渠化改造后的维护成本会大大降低,而且通航距离缩短近三分之二,基本无顶流航行。因此南通方案在理论上切实可行。

三、建设江海直达新通道,南通"名利双收"

所谓"名",即南通建设江海直达新通道符合国家、区域整体利益。长江南京以下深水航段对于长江航运业发展至关重要,在长江航运中占绝对优势,集中长江流域80%的万吨级以上深水泊位,港口吞吐量的70%。上海沿江港口对于上海国家航运中心建设至关重要。例如,上海港2012年完成货物吞吐量7.36万吨、集装箱吞吐量3 253.9万标箱,其中有约60%是在长江口内港区完成。这就是国家投巨资建设长江南京以下深水航道、改善长江口航运条件的原因所在。南通分流通道的建成有利于减轻长江口航道压力,确保长江主航道、南漕航道的运行效率与航运安全,确保上海沿江港口安全运行,是对上海国际航运中心建设、国家长江经济带战略暨长江立体交通走廊建设最有力的支持。

所谓"利",即南通建设江海直达新通道符合地方利益。首先,该世纪工程将打造南通新的航运优势,最终奠定其门户港和沿江沿海战略大通道主枢纽的战略地位,赢得国家战略的持续关注,从而改变长三角经济格局、航运格局,提升南通在上海国际航运中心、江海直达与转运体系中的市场份额,增加北翼的经济比重和区域影响力,避免战略边缘化陷阱。该工程竣工后,原来由南漕航道进出的近16万艘次万吨以下船舶可选择走南通新航道,将为南通地方带来巨大的航运收益和发展机遇。其次,该工程将增加运河两岸一百多公里的深水岸线资源,必然催生依托通道的新江海产业带,亦可激活、优化南通通州湾、东灶港、吕四港等存量资产,开创江海联动发展的新局面。总之,由于区位优势与功能提升,南通产业经济将获得新一轮的增长,发展前景不可限量。

四、建设江海直达新通道,南通有优势

南通地区经济发达,民间资本雄厚,人力资源丰富,发展空间充足,是我国著名的建筑之乡、船舶之乡,有建设航运新通道,勇挑全省发展的重担,服务国家大局的实力和优势。

(一)南通打造江海直达新通道,有政策优势

南通打造江海直达快速通道,不仅可以彻底解决长江口深水主航道、南漕航道拥堵难题,也有利于提升上海沿江港口的吞吐能力和上海国际航运中心建设,为打造畅通、高效、平安、绿色的长江综合立体交通走廊贡献力量,从而更好地对接上海、服务长江经济带,更有利于落实通州湾江海联动开发的战略任务。另外提升内河航运功能已经列入长江三角洲、江苏省、南通市内河航运网建设规划,是大力发展内河航运业的重要举措,符合国家和地方相关政策,在项目审批、资金配套、航道分流方案制订与实施方面能够获得国家发改委、交通部、江苏省、上海市的大力支持。

(二)南通打造江海直达新通道,有工程优势

中华人民共和国成立后南通在张謇时期通吕运河基础上,投入巨大人力物力,疏浚、开挖了包括通启运河、通吕运河、如泰运河、九圩港等通江达海的东西向运河,带来了明显的航运、水利效益。南通由此水旱从人,号称崇川福地。因此,在现有运河航道基础上进一步实施截弯取直、渠化改造、拓宽、深浚现有航道,工程施工难度不大;与之对接的沿江船闸和通州湾港口码头、港池建设工程已经初步完成,工程耗资也不会太大。另外,南通境内水系发达,水量丰沛,且彼此串联,可以保证航道在长江落潮时船闸的水

量供应。因此该项目在工程技术上及财政负担上也是可行的。

（三）南通打造江海直达新通道，有成本优势

首先，南通分流通道是江海直达的最短航道，可缩短近三分之二的航运里程，且基本无顶流航行，可全天候通行，可以大幅度降低航运成本和时间成本，提高船舶准点率和航运安全，必然产生巨大的航运效益；长江口和上海沿江港口都能提高航运效率与安全。因此，建设江海直达新航道在经济上也是合算的。

（四）南通打造江海直达新通道，有生态优势

按照目前南通通州湾、东灶港、洋口港等沿海地区发展规划，大规模填海造陆和港口建设不可避免。这不仅会增加地方债务风险，也将带来严重生态风险。新通道项目不再扩大滩涂围垦和港口建设，主要利用小庙洪水道、通州湾、东灶港、吕四港口、运河航道、船闸资源，可大幅度降低对海洋自然岸线、沙洲、滩涂生态的影响，从而确保该区域的海洋生态安全。

五、建设江海直达新通道，南通需要协同联动机制

建设江海直达新通道对于长三角、江苏、上海、南通而言，都是一项影响深远的世纪工程，必然搅动长三角区域以及省内城市间、政商间、政府与社会多重利益格局，又涉及水公铁空等多种运输方式技术领域的衔接。南通理应发扬"包容会通，敢为人先"的南通精神，在扬子江城市群建设、长三角一体化、长江经济带建设中主动作为，奋发有为，在"创新、协调、绿色、开放、共享"发展理念的指导下，创新区域合作模式，建立多方、多层次利益协调、联动机制，扎实推进以水运为主的综合交通体系建设。

（一）加强区域治理、社区参与，创新区域协同、联动机制

首先，南通市应以落实2016年省委书记李强主持的苏南五市和南通市党委主要负责同志座谈会会议纪要为契机，尽快开展市内江海直达通道项目立项研究与审查工作，逐步推开项目开工前的各项准备工作，适时向省里汇报。南通应尽快推开项目立项准备工作，聘请专家做好前期的项目论证与审查工作，适时开展开工准备工作。南通应尽早谋划市域管治，建立市县

联动开发机制,做好举全市之力提升东西向内河航道等级的准备工作;做好原运河上的限高桥梁先建后拆的方案;做好运河两岸拆迁工作方案,做好宣传教育工作,积极听取群众意见与建议,提高社区参与水平,争取周边群众的理解与配合,减少拆迁阻力与成本。

再次,南通市应把建设江海直达通道作为通州湾江海联动发展的重要支撑项目向省里报备,争取省内支持与立项。通州湾江海联动开发,是2016年长江三角洲主要领导座谈会提出的共同构建沿江沿海发展带倡议的五项合作内容之一。南通应以落实2016年长三角峰会会议纪要为契机,把江海直达通道建设作为通州湾江海联动开发的重要内容,向省里报备,争取把该项目作为合作方案提交2017年长三角峰会。

再次,抓住机遇,积极争取区域合作与国家支持。呼吁2017年长三角江苏峰会,关注长江南京以下航段航运发展瓶颈问题,倡导建立区域航运协作组织,协调长三角港口航运业的发展,协调长江口与南通江海直达通道的分流方案;积极争取国家发改委、交通部、上海市对于江海直达新通道项目的政策支持与资金配套,形成省部共建+区域合作模式,力争上升为国家战略项目。

(二)内河选线及开发应重点关注水公铁空多式联运机制

按照联动、保护、节约的原则,制定科学的空间规划,加强内河及沿线区域空间管制。在运河选择上,既要邻近港口、火车站等大型交通基础设施,又要考虑未来的港口背后地,留足空间;在线路选择上,东西向运河要主动与通州湾小庙洪深水航道、沿江沿海海港对接,与南通火车站、兴东机场、物流园等物流节点主动衔接,形成水运与公路、铁路、航空、管道等运输方式有效衔接。

(三)建立多元融资政策,推进政府间及与社会资本联动机制

加大内河水运建设资金投入,建设高等级航道是实现江海快速直达的关键。项目立项后,南通市可成立运河投资公司,积极推进政府与社会资本合作(PPP),完善"国家投资、地方筹资、社会融资、利用外资"的投融资机制,引导社会资本投向内河航道、港口码头、综合物流园、工业园、内河生态

保护工程等建设领域,做大增量;积极推进沿江、沿海、内河原有资产重组,迅速盘活、做强存量资产,进一步提升融资水平和能力,提高政府掌控全局的能力。

(四)加强内河生态保护,形成生态、生产、生活空间优化机制

南通发改委牵头成立由港航、国土、环保、海事、规划、旅游等部门组成的运河管理委员会,具体负责内河航道开发规划,并负有监督运河投资公司运营责任;河道岸线及相邻国土开发坚持生态保护优先原则,合理安排生产、生活、生态空间,确保沿线区域生态安全;按照有利于多式联运和土地、岸线集约利用原则,在沿江、沿海、火车站等物流节点集中规划建设港口及附属的高标准物流园、工业园,实现基础设施建设与产业投资"双集中";充分发挥沿海、沿江、沿河和开敞空间大的优势,多设湿地、森林公园,拓展生态屏障,美化环境;开发内河生态景观价值,大力发展生态旅游业。

南通大学地理科学学院　陈为忠
南通大学江苏长江经济带研究院　周威平

(本研究报告为南通大学江苏沿海沿江研究院2014年资助项目"江海河联运与长三角北翼内河航运网络的构建研究——以南通为例"的研究成果)

南通港口与上海港口深度融合、协同合作发展研究报告

> **摘　要**　当前随着世界经济的发展，国际间交流的日益增加，港口之间的竞争也更加激烈，本课题组对南通港口和上海港口进行了深入调研，对两港口间深度融合的背景、可行性和必要性进行探讨，分析了南通港口和上海港口的发展现状及存在的问题，并提出南通港口融入上海港口的可行性发展路径，包括推动双方在发展规划、运营管理、监督机构、硬件建设等方面的融合。

一、引言

（一）南通港基本情况简介

南通滨江临海，位于我国大陆沿海的中部、长江入海口北岸，地处东部纵向沿海经济带与中部横向长江经济带T型结构交汇点，拥有得天独厚的江海岸线资源，隔江与我国经济最发达的上海及苏南地区相依，被誉为"北上海"，集"黄金海岸"和"黄金水道"优势于一身的港口城市。

南通港地处长江下游河口段北岸，位于沿海和长江两条经济轴线的交汇处，由沿江9个港区和沿海3个港区构成，沿江有南通、天生港、通海、启海、任港、狼山、富民、江海和如皋等9个港区，沿海由北向南分布有洋口、通州湾和吕四3个港区（见图1、图2）。

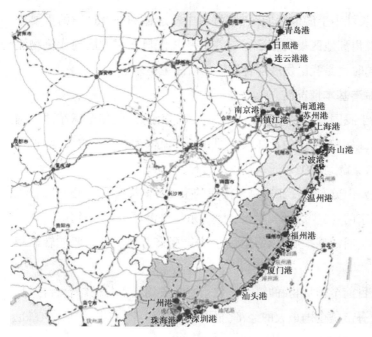

图1 南通港区位图

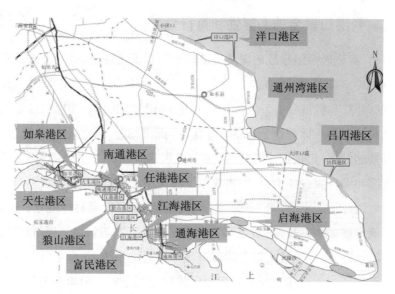

图2 南通港口布局情况

南通港是长江中上游地区能源、原材料中转运输和外贸运输的重要中转港,是长江三角洲地区集装箱运输支线港和长江口北岸发展现代化物流的重要港口,同时也是我国发展综合运输的沿海主枢纽港。

(二)上海港基本情况简介

上海港位于我国海岸线与长江"黄金水道"交汇点,毗邻全球东西向国际航道主干线,以广袤富饶的长江三角洲和长江流域为主要经济腹地,地理位置得天独厚,集疏运网络四通八达。

上海港主要由分布在长江入海口南岸的宝山、张华浜、军工路、外高桥、共青、高阳、朱家门、民生、新华、复兴、开平、东昌等港区构成。近几年,港区正逐步向南岸黄浦江畔扩展,以缓解由于泊位拥挤造成的外籍船舶转靠南通港的局面。

上海港是目前全球货物吞吐量、集装箱吞吐量均居首位的综合性港口。港口所在的上海市是全国最大的经济、金融、贸易、科技、文化、信息中心,也是全国最大的港口城市。

二、两港口融合的必要性和可行性

(一)实施诸多国家战略需要推动两地港口深度融合、协同合作发展

(1)2008年8月,国务院常务会议通过《关于进一步推进长江三角洲地区改革开放和经济社会发展的指导意见》(国发〔2008〕30号),这是国家第一次对长三角一体化进行部署。《意见》提出"进一步整合港口资源,加强港口基础设施、集疏运体系建设,加快发展现代航运服务体系,努力提高管理水平和综合服务能力,尽快建成以上海为中心、以江苏和浙江港口为两翼的上海国际航运中心"。"抓紧编制实施沿海港口发展总体规划,加强港口群协调发展。提高长江'黄金水道'、京杭运河等高等级航道通航标准,完善集装箱运输系统、外贸大宗散货海进江中转运输系统、江海物资转运系统和客运系统。"以上政策意见明确提出了推动包括上海和南通在内的长三角区域内港口一体化发展的政策意见和具体路径,为推动两地港口深度融合和协调发展指明了方向。

(2) 2016年9月,《长江经济带发展规划纲要》提出的基本原则是"通道支撑、协同发展。充分发挥各地区比较优势,以沿江综合立体交通走廊为支撑,推动各类要素跨区域有序自由流动和优化配置。建立区域联动合作机制,促进产业分工协作和有序转移,防止低水平重复建设"。《纲要》明确提出,加快交通基础设施互联互通,是推动长江经济带发展的先手棋。要着力推进长江水脉畅通,把长江全流域打造成黄金水道。这些都为南通和上海两地港口深度融合发展提出了明确要求。

(3) 2016年5月,国务院常务会议通过《长江三角洲城市群发展规划》。规划提出,长三角要创造联动发展新模式,构建以铁路、高速公路和长江黄金水道为主通道的综合交通运输体系,促进信息、能源、水利等基础设施互联互通。除了交通等硬件设施的"一体化",长三角还需制度的一体化。此次城市群发展规划的通过,意味着长三角一体化已进入深水区,需要在机制上形成各城市合作的动力。区域合作的模式是阶梯式发展三阶段,初级阶段是城市的布局合作,中级阶段是生产要素合作,高级阶段是政府间的制度合作。而长三角城市群,目前已经进入了制度合作阶段。

(4) 2015年3月,国家发展改革委、外交部、商务部《推动共建丝绸之路经济带和21世纪海上丝绸之路的愿景与行动》,标志着一带一路战略正式发布。共建"一带一路"旨在促进经济要素有序自由流动、资源高效配置和市场深度融合,推动沿线各国实现经济政策协调,开展更大范围、更高水平、更深层次的区域合作,共同打造开放、包容、均衡、普惠的区域经济合作架构。"一带一路"有望构筑全球经济贸易新的大循环,成为继大西洋、太平洋之后的第三大经济发展空间。上海是中国经济中心,是全球化城市,在一带一路建设中地位十分重要,南通被定位为长三角北翼经济中心,同为长三角重要城市。上海和南通在"一带一路"大框架下深化港口物流合作,是参与"一带一路"建设的重要举措,具有十分重要的意义。

(二) 当前全球港口发展机遇与挑战需要推动两地港口深度融合、协同合作发展

1. 当前全球港口发展趋势

目前,世界港口行业已经发展到了非常发达,下一步的发展趋势是:专业化、大型化、信息化、开放化。首先,港口开发建设和管理运营越来越专业化、精细化。其次,全球性海运船舶大型化和航道深水化。为了降低成本,如今油轮、集装箱以及干散货船越造越大,对原有的港口航道设施提出新的要求。再次是信息化。信息化对港口管理、物流运作、政府与企业间的互动等方面产生深刻影响。最后是开放化。党的十八届三中全会明确提出,要形成开放型经济新优势,构建开放型经济新体制,港口是开放型经济新体制的一个窗口和前沿。这些发展趋势对上海和南通港均带来了很大影响,必须要适应这种全球港口发展趋势,才能赢得核心竞争力。

2. 我国港口发展面临的新机遇、新挑战、新方向

当前,中国港口发展正面临诸多新的挑战。第一,世界经济与贸易增长速度下降。过去很长时间内我国外贸增长速度曾高达20%多,外贸的快速增长带动了港口的发展,但2008年全球金融危机爆发后,全球经济增长、贸易投资增长的速度大幅下降,这也对港口发展提出了新挑战。第二,我国产业向中西部和东南亚转移。中国的比较优势转换后,过去支撑港口发展的劳动密集型活动开始对外转移,有的是转移到内陆地区,但有的则转移到了境外,比如东南亚、非洲等地,这对本土港口来说无疑是一个挑战。第三,我国产业结构升级的变化。中国经济进入新常态后,结构升级就意味着今后我国经济要依靠创新,经济运行效率要更高。这对物流领域也提出新的要求,需要运输更加便捷、高效。另外,港口的监管体制、通关效率也要提升。

国内这些环境变化,对上海港和南通港开发建设带来不小挑战,要求不能再盲目上码头,搞重复建设和恶性竞争。要求国内港口新的发展方向:首先,推进港口集群化发展。要深刻认识到全球经济的变化以及中国经济进入新常态后的深刻变化,在港口竞争的新格局下,航运的全球联盟化趋势

初见端倪。要瞄准这种港口之间、航运公司之间的联盟趋势,率先推进港口的集群化发展。第二,推进港口智能化发展。要深度运用好信息技术,来推进港口的智能化,打造智慧港口,将物流、信息流、资金流等有效整合起来。第三,要深化改革,积极探索通过体制创新来适应集群化、智能化、产业化的发展方向。其中,既要有监管部门的体制创新,也要有港口本身在产业组织、产业管理、公司运作等方面进行的制度创新,为新发展提供制度性保障。港口的集群化、智能化等给上海、南通两地港口发展提出了新的机遇和挑战,指明了未来发展的方向,那就是深化合作、融合发展、互利共赢。

3. 两地港口发展面临主要问题也需要推动双方融合协同发展

南通港发展情况及面临问题。一是码头泊位等级低。截至2016年年底,南通市沿江建有万吨级以上泊位108个,其中10万吨级、20万吨级泊位占比较低。二是开发无序、同位竞争。沿江分布9个港区,过去分属不同县市区,各自为政,同位竞争,岸线利用率不高,单位岸线产生的经济效益不佳。三是近几年整个南通港吞吐量增速放缓。由图3、图4可知,2014年,完成货物吞吐量21 599.4万TEU,同比增长5.4%,增幅较去年收窄5.23个百分点;完成外贸货物吞吐量4 813.6万吨,同比增长6.1%,增幅较去年收窄11.25个百分点;完成集装箱吞吐量71.1万TEU,同比增长18.4%,增幅较去年收窄0.7个百分点。2015年,南通港完成货物吞吐量2.2亿吨,同比增长1.1%,其中外贸货物吞吐量完成5 151.5万吨,同比增长7.02%;集装箱吞吐量完成75.85万TEU,同比增长6.7%。2016年,南通港完成货物吞吐量22 613.83万吨,同比增长3.6%;外贸吞吐量增长迅速,累计完成5 811万吨,增长12.8%,完成集装箱吞吐量82.68万TEU,同比增长9%。四是沿海港口开发建设缓慢。沿海港区开发建设未取得突破性进展,投产码头较少,吨位低,开发建设的规模和扩张速度慢于预期。五是沿江和沿海岸线充足,岸线利用率低。南通港沿江岸线尚有40公里岸线未开发利用,沿海岸线更是十分广阔,沿海腹地面积广大,但出于闲置状态,岸线的利用率不高,未能对经济社会发展起到支撑作用。

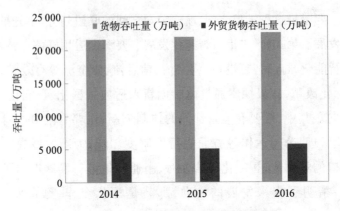

图3 2014—2016年南通港货物吞吐量

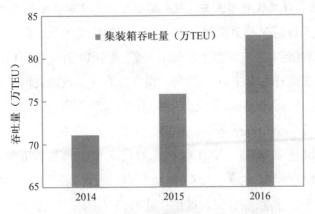

图4 2014—2016年南通港集装箱吞吐量

上海港发展面临的三个方面问题。一是近年运营增速放缓。世界经济复苏缓慢,发达经济体经济增长进一步分化,主要新兴市场国家经济增速也在进一步放缓,航运市场继续处于深度低迷状态。近几年,上海港吞吐量增速趋缓。由图5、图6可知,2014年,全港货物吞吐量7.55亿吨,比上年下降2.6%,集装箱吞吐量3 528.5万TEU,同比增长5%。2015年,情况同样不乐观,上海港累计完成货物吞吐量71 739.64万吨,同比下降5%,其中海港码头完成64 906万吨,同比下降3.1%,内河码头6 833.34万吨,同比下降20.3%。集装箱吞吐量完成3 653.7万TEU,同比增长3.5%。2016年,上海市港口生产形势略有下滑,完成货物吞吐量约7亿吨,同比下降2.2%,连续三年呈现负增长。其中,2016年,上海港海港码头吞吐量完成约6.4亿吨,同比下降0.7%;上海港内河码头吞吐量完成约5 700万吨,全年同比下降16.7%。二是超深水航线、深水岸线及陆域空间严重缺乏。上海港目前没有深度达到20米超深水航道,目前国际上大型船舶发展迅速,而上海在外高桥港区航道为12.5米,洋山港区航道为16.5米,不具备停泊大型船舶的条件;其次上海深水岸线的缺乏也是上海港面临的问题之一,目前外高桥地区深水岸线最多剩余2千米,远远不能满足超大集装箱船舶的需求;上海港区周边陆域靠近市区,周边的陆地空间早已开发完毕或规划他用,几乎没有可发展的陆地空间,上海港想扩大规模,陆域不足也是制约港口发展的因素之一。三是面临着国际大港的竞争。争夺中转枢纽港的战略地位,已成为现代港口的竞争目标。国际上东南亚地区已形成了中国香港港和新加坡港两大国际集装箱枢纽港;而在东北亚,上海港、韩国釜山港、中国台湾的高雄港、日本的神户和横滨等港口都有很强的竞争实力。各港口都在为争夺国际枢纽港的地位而努力。特别是与上海港地理位置相近的釜山港和高雄港,都把争夺中国大陆的集装箱货源作为发展重点。上海要建成国际航运中心与集装箱枢纽港,必须迎接其他港口,特别是釜山、高雄两港的严峻挑战。

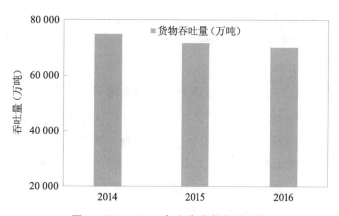

图5　2014—2016年上海港货物吞吐量

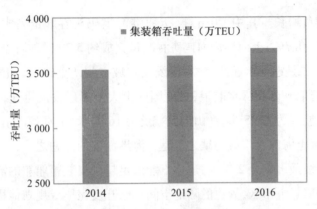

图6 2014—2016年上海港集装箱吞吐量

综上所述,南通港和上海港在近几年发展中均面临着各自的主要问题,南通港主要是港口等级低、无序开发带来资源浪费、运营效益低、岸线利用率不高、同时大量优质岸线等待开发利用的问题;上海港主要是优质岸线紧缺、深水航道不足、港城矛盾突出,同时两地港口都面临着近几年竞争激烈、增长趋缓等共同的问题,上海港的转型需要南通港的鼎力支持。通过分析可以发现,上海港和南通港有很强的互补性,上海港资金实力雄厚、技术力量强大、运营经验丰富,可以解决南通港开发建设中的一些问题;而南通港优质的岸线和腹地,可以为上海港提供难得的港口岸线和腹地资源,缓解上海港发展中的空间制约问题。此外,如果两地实现融合,不相互挖墙脚、不相互杀价,两家优势聚合一起,就能形成规模优势,必将产生1+1大于2的效果。

(三)两地政府推动、民间意愿为推动两地港口深度融合、协同发展提供强大推动力

1. 两地港口所在地从政府层面力推港口融合发展

在当前经济新常态下,结合江苏新的发展实际,江苏省委提出了"两聚一高"的发展蓝图,为江苏"十三五"发展指明了方向。在长三角一体化等国家战略实施背景下,随着苏通大桥、崇启大桥的建成通车和沪通铁路等重大交通枢纽的加快建设,南通的区位优势日益突出,正处于大发展的"风口",被江苏省委赋予了发展重任,希望南通能崛起苏中、带动苏北。省委书记李强在去年江苏省第十三次党代会南通代表团审议工作报告时指出,南通是江苏发展的"潜力股",要做好跨江融合、对接上海这篇大文章,努力把南通建设成为上海的"北大门"。南通市委市政府响应省委决策部署,大力度推进接轨上海工作,提出坚持"行政推动常态化、区域市场一体化、产业发展协同化、社会服务同城化、交通运输便利化",以交通互联为基础、产业合作为支撑、创新发展为动力,构建以江海组合港、航空港、信息港为支撑,以创新创业生态城、通州湾临港产业城、长江口生命健康科技城为平台,以现代先进产业协同发展基地、文化旅游休闲度假基地、优质农产品市场服务保障基地为重点的"三港三城三基地"全面对接服务上海的空间格局。由此可见,江海组合港的对接服务上海被南通市政府列为重中之重的位置来推动。

与此同时,为贯彻长江经济带、长江三角洲城市群发展规划等国家区域发展战略的实施,上海市政府制定的《上海市城市总体规划(2016—2040)》明确提出优化上海大都市圈格局,构建上海与南通等地区在内的"1+6"城市群协同发展,形成90分钟交通出行圈,突出同城效应。在上海建设国际航运中心的过程中,由于上海港口资源的日益紧张,迫切需要一江之隔的南通寻找港口发展的新的支撑点,以实现港口经济的转型升级,应对国家大港的激烈竞争,同时借力南通沿海港口、土地资源优势,实现石化、物流等非核心功能的转移。

2. 两地民间迫切希望两地港口实现深度融合发展

实现上海和南通两地港口融合发展,不仅是两地政府间的明确定位,也是两地民众的迫切诉求。两地地缘相近,人文相亲,经济相融,尤其是南通人民,迫切希望借力上海资源实现更大发展。南通60%的货物通过上海口岸,南通外贸进出口深度依赖上海口岸,如若两地港口实现深度融合发展,那么南通货物通关的时间大幅压缩、通关效率大幅提升,节约的时间和资金成本,将体现在产品的竞争力上,最终体现的是企业效益。同样,上海企业和民众也希望能从两地合作中受益,比如上海货物通过南通港进入长江中上游和苏北乃至环渤海地区。

三、南通港口和上海港口融合发展的背景及指导思想

（一）融合发展的背景

当前，江苏省港口一体化改革正在加快推进中。去年江苏省制订《江苏南京以下沿江区域港口一体化试点改革工作推进实施方案》，从贯彻"一带一路"、长江经济带发展等国家战略和服务全省发展大局出发，江苏省以资本为纽带、以市场为导向，积极推动组建省港口集团，坚持规划引领，严守安全、环保底线，深化沿江沿海港口一体化改革，促进全省港口持续健康发展。2016年12月6日，江苏省政府在南京召开加快江苏省交通运输发展工作座谈会上提出：组建江苏省港口集团，深化沿江海港口一体化改革。目前，江苏省港口集团组建正处于筹建过程中，拟将省区沿江沿海各设区市国有港口集团或码头企业股权整合成立江苏省港口集团。

目前，南通市为策应江苏省港口一体化改革，将全市范围内沿江、沿海港口进行整合，合资组建了南通港集团有限公司，公司为国有全资有限公司，公司注册资本为66亿元人民币。南通港集团服从南通市港口发展管理委员会的领导和管理，南通市港口局负责行业管理和业务指导。公司为市属一类企业。南通港集团依法组建后，主要从事港口建设项目的投资及资产管理。南通港集团将以资本为纽带逐步整合全市相关公共港区、作业区、码头等港口岸线资源，统筹推进全市港口资源开发利用、港口企业优化重组工作，逐步形成港工贸一体化、港产城一体化的新格局，打造具有一定规模和影响力的港航龙头企业，为建设布局更加合理、功能更加完善、服务更加优化的江海组合强港，实现"一城一港一集团"的新格局提供重要支撑。南通港集团的组建是江苏港口集团组建的先声，未来南通港集团资产将整体纳入江苏港口集团。如何实现南通港集团与上海港的良性互动发展，将是一个意义重大的课题。

（二）指导思想

把握长江经济带国家战略、中国（上海）自由贸易区等发展机遇，围绕上海建设国际航运中心，在江苏港口一体化改革的框架下，立足于南通交通区

位条件,发挥两地港口比较优势,南通着力发挥沿海深水大港和沿江深水航道优势,上海港发挥管理运营、资金技术等比较优势,推动两地港口全面战略合作,南通港建设成为上海航运中心北翼江海组合强港,上海港建设成为上海国际航运中心的主枢纽港。实现两地港口优势互补、合理分工、互利共赢。

四、南通港口和上海港口融合发展的对策建议

(一)推动发展规划上的融合

发展规划上的融合是先声。南通与上海应建立行政上的区域对话合作机制,形成高层对话常态化,在此基础上建立港口交通方面的联席会议制度,南通市港口管理委员会与上海交通委员会加强对接合作,根据南通港和上海港发展实际、远景目标,协调两大港口的发展战略,南通港立足自身优势,发展成为上海航运中心北翼江海组合强港,以散货运输为主,上海港建设成为上海国际航运中心的主枢纽港,以集装箱运输为主。南通港重点发展货物运输,上海港大力发展高端的航运业务,比如航运服务、航运信息和航运金融等高端服务业,实现双方在功能上的规划错位。传统上,双方竞争主要在于吸取腹地出口货物上,长江水运是主战场,未来为避免腹地的竞争,随着南通高铁时代的来临,南通重点要规划发展铁海联运、铁江联运,避免双方在争取国内长江货运上竞争。具体南通港各港区的定位如下:

通州湾港区:通州湾港区打造成大宗散货江海直达运输集散基地,为长江经济带向东开放提供新的出海通道,加快煤炭物流码头建设,实现具备15万吨级航道通航条件,逐步建成现代化综合性港区,为长江经济带向东开放提供新的出海通道。

洋口港区:洋口港区应着力打造以LNG、石化为主的现代化液化品公共物流港区,进一步提升港区货物通过能力,建设区域LNG资源配置中心,作为以石化工业为代表临港工业的重要支持和苏北经济发展的重要依托,加强中亚、西亚油气及南亚、中东海上进口LNG直达运输,发展成为重点服务临港工业,兼顾腹地经济的大型散货工业港。

吕四港区：吕四港区则应大力发展粮、油、糖及冷链运输,增加万吨级以上泊位和货物通过能力,以服务临港产业开发和腹地物资运输为目标,协调发展集装箱、散货、件杂货等运输,逐步发展成为辐射上海、服务南通的沿海多功能、综合性港区。

沿江港区：通过对江海、通州、狼山、通海等港区的改造升级,围绕专业化和集约化的多功能、综合性港区的目标,提升公共服务能力,进一步增加泊位数和货物通过能力,着力打造现代化散货中转港区,同时高标准建设现代化集装箱公共港区,兼顾集装箱运输的现代化,成为承接上海港及长江沿线地区能源、原材料等运输功能转移的主阵地。

(二)实现硬件建设上的融合

基础设施建设上的融合是双方融合发展的"硬件"系统。鉴于目前实际情况,主要合作共建的重点在于南通沿江、沿海的深水岸线和上海洋山港,双方应继续推进高层互访机制,深化资本、技术、业务等多个层面的战略合作关系,进一步建立以股权为纽带的战略合作关系,共同优化航线组合,有序开展货源竞争,借力南通全面对接服务上海的东风,利用上海资金、技术等优势,在引进上海资金、技术开发等方面合作建设南通港口基础设施,包括共建深水码头、深水航道,合作共建仓储设施和物流园区,拓展国内外码头资源。

具体措施可为以资本为纽带,南通港集团有限公司与上海国际港务(集团)股份有限公司共同投资建立合作成立运营公司,双方实现交叉持股,分别占股50%,主要业务包括码头建设和投资、融资服务、上市咨询等。另外合作资金的选择上,也可引入一定限额的社会资本,实现公司的混合所有字,最终形成政府主导、市场主体的合作局面,充分激发市场活力。

(三)实现运营管理上的融合

运营管理上融合是港口融合发展的"软件"系统,港口运营管理包括很多方面：

1. 推动管理制度接轨

双方在港口管理制度上实现有机衔接,建立健全各项经营管理制度,推动港口管理的现代化、国际化。港口管理现代化重点是重视现代信息技术在港口运营中的重要作用,推动信息一体化管理,在口岸通关系统上实现互联互通,运用条形码技术、全球卫星定位技术、电子数据交换技术等为代表的现代信息技术,搭建南通集装箱运输和物流园区综合应用信息平台,成为南通口岸与上海进行电子数据交换的枢纽,实现在南通申报,即可以在上海通关,反之亦然。

2. 在港口服务业上对接

在引航、拖带等船舶靠泊服务,燃料、淡水、食品等供给服务,海关、商检、卫检等行政服务,报关、报税、保管、法律等中介服务上实现统一标准、统一程序。同时,大力发展航运信息、航运金融、航运保险等高端航运服务业,在两地港口之间形成多层次、多领域的航运服务业。

3. 开辟合作航线

进一步加强两地交通运输合作交流,合作开辟新的港口绿色快捷运输航线,提高两地之间的物流效率,降低物流成本。

(四)实现监督机构上的融合

建立港口联盟或成立行业协会,既符合全球航运市场发展趋势,也为两港间的合作提供了便捷,增强了竞争力。利用港口联盟或行业协会的形式来统一管理各个港口,对港口在合作中出现的问题进行及时沟通和协调,加强两港间的合作,避免恶性竞争。港口联盟或行业协会应该打破地区利益导致的市场分割,为港口间的合理分工、共同发展提供有效的支撑平台。同时联盟或行业协会应该制定相关规则和政策,加强两港的自律行为,建立严格的督查和管理制度,落实违反制度的惩罚金和协同合作的奖励金制度,对违反制度的行为进行惩罚金处理,对有利于双方共同发展的进行奖励。

(五)实现加强港口供应链服务的融合

随着现代物流的深入发展,港口突破自身主业,向供应链两端延伸,提供全程服务,也是提升竞争优势,实现转型升级的重要途径。

1. 加强货物源头合作

南通港可增进与上海货源的直接对接,将港口设定为其远程仓储、转运基地，同时开展电商平台业务，借助贸易商资源在港口搭建贸易平台，吸引货源到港运输，提升南通港在全程供应链中的资源配置作用。加强与上海及腹地地区客户的互动和合作，引导客户将南通港设定为货源转运基地，全程跟踪提供"门到门"物流服务。

2. 加快临港物流园区建设以拓展物流服务功能

加强与上海国际航运中心对接，加快船代、货代、船舶供应、船员管理、船舶管理等基础服务业集聚，培育发展航运金融、航运保险、航运经纪、航运法律等高端服务业。

江苏工程职业技术学院纺染工程学院　王　生
江苏商贸职业学院　方季红
江苏工程职业技术学院　张　娟
江苏工程职业技术学院　陈志华
南通大学　仇群仁

［本研究报告为2015年江苏沿海沿江发展研究院招标课题"南通港口与上海港口深度融合、协同合作发展研究"（Y201505）研究成果］

第三编

南通经济发展研究

接轨上海、服务上海、融入上海，更好更快地建设上海"北大门"

摘　要　南通接轨上海、服务上海、融入上海，建设上海"北大门"，这不仅是两城关系或南通自身发展的课题，而是贯彻实施国家发展战略的重大任务。上海是我国最大的经济中心，将上海建设成为现代服务业和先进制造业、国际金融中心和国际航运中心，增强中国对全球资源配置的服务能力与控制力，增加我国在全球事务中的话语权，这是在新的国际经济政治发展格局下我国的重大战略。南通最大的优势是"靠江靠海靠上海"，接轨上海、融入上海，参与上海建成国际大都市这一国家战略，是时代赋予南通的责任与任务，对南通发展也具有极为重要意义。

科学制定和实施国家发展战略事关党和国家事业的根本。习近平总书记要求"全党提高战略思维能力"，"增强战略定力"，"以更宽广的视野更长远的眼光来思考和把握国家未来发展面临的一系列重大战略问题"。南通接轨上海，服务上海，建设上海"北大门"，这不仅是两城关系或南通自身发展的课题，而是贯彻实施国家发展战略的重大任务。上海是我国最大的经济中心，将上海建设成为现代服务业和先进制造业、国际金融中心和国际航运中心，增强中国对全球资源配置的服务能力与控制力，增加我国在全球事务中的话语权，这是在新的国际经济政治发展格局下我国的重大战略。南通最大的优势是"靠江靠海靠上海"，接轨上海、融入上海，参与上海建成国际大都市这一国家战略，是时代赋予南通的责任与任务，对南通发展也具有极为重要意义。

一、南通发展为什么要接轨上海

在江苏省第十三次党代会上,省委书记李强在南通代表团强调:南通是江苏发展"潜力股",当前要做好"跨江融合、接轨上海"这篇大文章,努力把南通建设成为上海的"北大门",在苏中和江北地区发展中发挥好"领头雁"作用。南通接轨上海,对接深化融合,从"北上海"到"上海北",现在省委又将南通的发展定位成构建上海的"北大门",这是省委、省政府对南通在新的历史发展大局中的要求与定位,也是南通新发展的中心战略。

南通发展定位成构建上海的"北大门",首要回答的问题就是为什么要接轨上海?这是由上海的战略地位决定的。

1. 上海是现代服务业和先进制造业、国际金融中心和国际航运中心

2009年3月25日,国务院关于推进上海加快发展现代服务业和先进制造业、建设国际金融中心和国际航运中心的意见正式发布,提出到2020年,将上海基本建成与中国实力和人民币国际地位相适应的国际金融中心,将上海基本建成具有全球资源配置能力的国际航运中心,将上海建成国际大都市。这是我国在新的国际经济政治发展格局下对上海提出的战略要求,其实质就是通过建设"四个中心",增强中国对全球资源配置的能力与控制力,增加我国在全球事务中的话语权。

2. 上海经济总量在全国、全球显示了竞争力

从2003年至2012年的十年间,上海的地区生产总值从2003年的6 694.23亿元,上升到2012年的20 181.72亿元,年均增长11.67%。2016年地区生产总值26 688亿元。上海与我国的另一个国际大都市——香港相比,2001年,上海的GDP是香港的44%,而仅用了八年时间,上海的经济总量就超过香港,2016年以2 566 883亿元人民币成为中国经济总量最大城市,在全球大城市经济总量排名也在前列。

3. 上海是国际资本聚集中心

上海已成为中国大陆吸引跨国公司地区总部最多的城市,至2016年有

跨国公司地区总部1 008家。世界上的重要银行和众多国家银行在上海设立了分支机构,上海拥有的外资法人银行数量占全国外资法人银行总数、外资法人银行总资产占全国外资法人银行总资产及员工数,位居全国第一。2016年上海合同利用外资再次突破500亿美元,对外投资额占我国近1/5。

4. 上海科技进步水平全国领先

上海作为全国重要的经济中心和科技强市,无论是科技综合实力,还是高校、科研院所、企业研发中心、重点实验室等科技载体,还是科技人才(海归的1/2到沪)和科技金融方面,都具有显著的优势,上海的科技进步水平居全国第一。

5. 上海是长三角区域发展的龙头和世界第六大城市群的核心

长三角城市群包括上海、江苏、浙江的各个地级市。在这片区域中,仅占国土面积的2%,人口占全国的11%,却创造出占全国20%的经济总量,25%的地方财政收入和30%以上的进出口总额,这使得长三角成为全国经济最发达、技术最先进的地区,是世界第六大城市群。

上海作为国际大都市,是长三角乃至我国的经济中心。上海周边的城市都已充分认识到上海对于推动自身发展的重要性,并把接轨上海作为自身发展的第一要务。南通自2003年提出"接轨上海、服务上海"的发展战略后,使得南通顺利搭上上海发展的快车道,并使南通的经济社会取得了令人瞩目的变化。研究新形势下上海的新发展和新战略,对于南通在未来更好地实现沪通之间互利共赢发展,对于推动南通发展有着极为重大的战略意义。

二、张謇"前店"(上海)"后厂"(南通)的事业布局

南通最大的优势是"靠江靠海靠上海",但靠江靠海仅是区位优势,靠近国际大都市上海,才是最大的生产要素优势,只有将生产要素的优势与区位优势结合起来,才能形成现实的经济发展优势。对此,南通人有着极大的智慧与远见。

南通与上海隔江相望,明清以来棉花种植和传统纺织使两地经济关系

密切，19世纪中后期，上海发展成为中国的经济中心，南通人更是将上海作为发家致富的跳板和目的地。清末民初，张謇在南通办实业兴教育时就充分利用上海的经济、技术和人才等方面优势，形成了"前店"（上海）"后厂"（南通）的事业格局：

1. 依靠上海金融中心地位壮大事业

张謇依靠南通紧靠中国金融中心上海的有利位置，大力发展金融业，自1918年起先后投资、创办了大同钱庄、淮海实业银行。为发行地方公债，成立了"南通县地方公债事务处"，1921年成立了"南通棉业、纱业、证券、杂粮联合交易所"。张謇在1916年任中国银行股东联合会会长，1922年任交通银行总经理等职。张謇通过发行股票创办大生集团，在上海九江路建立大生上海事务所，使其成为大生集团在上海的金融中心，募集的资金源源不断地流向大生集团，最兴旺时大生集团可操纵的金融资本达二三千万银圆，依靠这些金融资本，大生集团旗下有了40多家企业，纺织纱锭占了全国华企的近10%，成为中国当时最大的股份制民营纺织企业。

2. 通过上海引进人才到南通办实业兴教育

南通当时是江北小城，办实业兴教育缺乏人才，而上海是中国的人才中心，张謇就以上海为平台，聘请王国维、欧阳予倩等国内著名学者到通州师范学校、伶工学社掌教，聘请英籍工程师、技工到大生纱厂工作，聘用德籍工程师为油厂精炼食油，聘用荷兰、比利时、瑞典等国籍的水利专家来南通治水，聘请日籍技师制盐等，使南通由一个封闭落后的小城市，一跃成为清末民初开放程度很高的城市。

3. 开通与上海的航运之道

张謇认为，"道路交通，为文明发达之路"。为将大生资本的布与纱销往广阔市场，必须打通南通与上海的交通。张謇1900年创办了大生轮船公司，1904年在通沪两地分别创办了上海大达轮步公司和南通天生港轮步公司，开辟了上海至海门、上海至南通、上海至扬州等航线，经营通沪两地货客运输业务。有专家统计，当时面积仅为0.4万平方千米，人口约270万的南通生产的布与纱，几乎覆盖了东北124万平方千米，满足了东北1 996万人口中的百分之九十人口的布料需求。

4. 力图通过上海走向世界

张謇努力通过上海拓展海外市场，1920年在上海成立南通绣品公司，并在美国纽约第五大街设立分公司，经营刺绣工艺品，1921年在上海成立的新海贸易公司，从事进口业务。张謇还先后草拟创设中以航业公司、左海实业公司、中国海外航业公司等，虽由于各种原因而搁置，但他想通过上海走向世界的理念始终不断。

5. 提出了开发浦东的设想

1920年，张謇购买了沪北衣周塘沿浦滩地，拟开辟商埠。1922年2月，经过活动，张謇被北洋政府委任为吴淞商埠督办。同年6月，成立吴淞商埠市政筹备处，短时间就完成了埠界测地绘图工作，依据制订的计划书，在吴淞商埠建公共码头、堆栈、工厂，面积可达430平方里，建成足以与上海租界抗衡的"东方绝大市场"。

但是，张謇的吴淞开埠计划遭到租界和反对，加之大生集团资金困难，该计划被放弃，但其超前理念为后人称赞。

1898年至1912年和1914年至1923年这两个时间段，张謇在上海活动的时间每年都超过三分之一。他事业发展的支点在上海，没有上海，就支撑不起他的事业，做不强他的事业，也成为不了中国近代的教育家、实业家和社会活动家。张謇"前店"（上海）"后厂"（南通）的事业格局，为今天南通建设上海的"北大门"提供了案例经验，增强了我们做好此项工作的底气与自信。

三、南通接轨上海战略的提出与实施

1. 接轨上海的民间自发阶段

南通在张謇时代的发展，得益于与上海的密切联系，但这是企业家行为，恐难称之为地方发展战略；中华人民共和国成立后，南通亦保持着与上海的紧密经贸关系，但是在当时的经济政治格局下，是难以提出类似今日接轨上海的发展战略的。改革开放后，南通不断密切与上海的经济联系。早

在20世纪80年代初,南通就因大力发展家庭副业成为上海居民禽蛋供给地而闻名于世,"百万雄鸡下江南"正是那段历史的见证;上海百米以上高层建筑百分之十五由南通承建,世博会8个馆由南通承建;改革开放初期,数千名上海籍专业技术人员从外地到南通落户,助推南通电子产业大发展,南通三元电视机曾是中国著名品牌,南通宝石花收音机曾唱响大江南北。上海"星期六工程师"的到来,促进了南通乡镇企业大发展,南通50%以上的企业与上海有密切的业务关系。这是南通在改革开放初期成为全国工业明星城市的重要原因。但是,这一阶段,南通尚未将接轨上海作为地方发展战略正式提出,或者说接轨上海这时处于民间自发阶段。

2. 接轨上海战略的提出与实施

2002年国家确认宁波为长三角南翼经济中心,2003年南通市委市政府以敢于创新之精神与胆魄,破除行政区划的藩篱,提出接轨上海、服务上海的"小金三角"战略,以建设长三角北翼经济中心为目标,加快了接轨上海步伐。自此,历届市委市政府"咬定青山不放松,任尔东西南北风",始终将此作为南通中心发展战略,一任接着一任干,一张蓝图干到底。市十一次党代会对接轨上海、服务上海战略做了更完善的表达:南通加快现代化步伐,奋力建设长三角北翼经济中心,为最终形成沪甬通"一体两翼"、沪苏通"小金三角"和"北上海"的发展格局奠定坚实基础。加快建设江海交汇的现代化港口城市,加快建设经济实力和创新能力较强的大城市,加快建设国内一流的生态宜居城市。江苏省第十二次党代会报告和省十一届人大五次会议省政府工作报告中都提出,加快支持南通建设长三角北翼经济中心。这是对南通发展的科学定位,南通发展迎来又一个战略机遇期和黄金发展期。市委十一届五次全会对这一战略内容和目标增添了时代新要求,提出:以建设长三角北翼先进制造业中心、区域性现代物流中心、上海都市圈宜居宜业副中心城市为重点,加快建设现代化港口城市、经济强市和生态宜居城市,早日建成长三角北翼经济中心,尽快融入长三角核心区第一方阵。努力打造长三角北翼经济中心和江海交汇的现代化国际港口城市,建设经济强、百姓富、环境美、社会文明程度高的新南通。

接轨上海、服务上海战略的提出与实施,为南通经济社会发展注入强大动力,取得显著成效:GDP总量由2002年的860亿元,发展到2016年的6 760亿元,名列全国大中城市第21位,"十二五"的五年中,连跨3个千亿元台阶,创造了持续十多年的黄金发展期。

3. 南通建设上海"北大门"的定位

在新的发展阶段,"人民群众期盼有更好的教育、更稳定的工作、更满意的收入、更可靠的社会保障、更高水平的医疗卫生服务、更舒适的居住条件、更优美的环境、更丰富的精神文化生活"。以什么样的发展战略去满足人民群众新期盼,关乎南通新发展的根本。2016年11月19号上午,江苏省委书记李强同志来到省第十三次党代会南通代表团,与代表们一起审议党代会报告时指出,南通是江苏发展"潜力股",要做好"跨江融合、接轨上海"这篇大文章,努力把南通建设成为上海的"北大门",为全省发展大局多做贡献。这是省委省政府对南通发展战略的科学定位,对于推动南通实现更高质量的全面小康,进而实现现代化有着极为重大的战略意义。

以战略定力去实施科学的发展战略,需要设计正确的目标与路径。南通市委遵循习近平总书记系列重要讲话的要求,贯彻省委李强书记的指示,认真分析和把握南通发展的阶段性特征,科学设定了建设"生态屏障、开放通道、产业腹地、文化名城"为建设上海"北大门"的目标与路径,为南通新发展"怎么干"和"怎样才能干好"设计了正确的路线图。这个路线图,突显了南通靠江靠海靠上海的最大优势,并把这个优势转化为发展的优势、百姓致富的优势,向全市人民描绘了建成"交通体系功能化、产业发展协同化、区域市场一体化、公共服务同城化"的上海"北大门"的美好蓝图,得到全市人民群众的热烈拥护与支持。2017年5月16日,江苏省政府批复了南通建设上海大都市北翼门户城市的总体方案。

四、南通建设上海"北大门"的机遇

2016年11月19号上午,省委书记李强同志在省第十三次党代会南通代表团与代表们一起审议党代会报告时指出,南通是江苏发展"潜力股",要做好"跨江融合、接轨上海"这篇大文章,努力把南通建设成为上海的"北大门",为全省发展大局多做贡献。李强指出,在高水平全面建成小康社会的实践中,南通一定要做好"跨江融合、接轨上海"的大文章,实现更高质量和效益的发展。他说:从优势来看,第一,你们的交通优势正在强化。最近10年,我们省发展最快地区就应该是南通。接下来沪通长江大桥通了以后,那情况又有更大变化。下一步我认为南通区位条件将大大改善,恐怕是我们省区位条件最好的地方之一。第二,你们的空间优势实在太大了。在上海经济圈一小时都市圈里,土地资源相对比较丰富的我看只有南通。第三个优势,现在南通处在一个较大的"风口"上。现在你们面临一带一路、长江经济带、长三角城市群、江苏沿海开发等国家战略和省战略多重叠加机遇,我们确实希望南通正成为上海的北大门。在整个苏中地区,在长江以北地区发展中南通成为领头雁。南通建设成为上海的"北大门",现在面临诸多机遇,以下几项,影响力更为突出:

1. 上海建设全球资源配置城市的机遇

当今世界,国与国之间的竞争主要表现为城市与城市之间的竞争,把上海建设成为国际经济、金融、贸易航运的中心,是国家在新的国际经济政治发展格局下对上海提出的战略要求,其实质就是通过建设"四个中心",增强中国对全球资源配置的能力与控制力,增加我国在全球事务中的话语权。上海在未来10—30年内将建设全球城市,不仅可以更好地发挥上海城市的网络节点功能,而且有助于进一步做大上海的经济总量,更好地发挥上海城市对全球资源的控制、管理和服务功能。上海要跨江跨区域发展成为世界级大都市,在现有的辖区范围内,单凭一己之力难以实现。而长三角要成为世界第六大城市群,单靠上海一个城市发展,不能形成整体竞争优势。在长三角这个大都市圈层级结构中,上海是"都市核",其他周边城市如苏州、杭州、南京、南通为"都市层"。上海要继续提升自身能级,需要进一步依托都市圈,发展都市群。纽约、伦敦、东京三大都会区规模可供参考。

美国纽约都会区内主要的中小城市有54个,其中人口规模在50万以上的5个,20万~50万的8个,10~20万人规模的11个,2万~10万人的

30个;英国伦敦的区域都市群由伦敦中心城市,附近的33个城镇,伦敦—伯明翰大都市带构成;东京都的总面积为2 162平方千米,包括23个特别区、26个市、5个町和8个村。

上海在积极打造全球性的资源配置城市,南通与苏州、无锡、嘉兴、宁波列入上海同城化发展战略之中。南通应抓住有利机遇,尽快融入以上海为中心的产业分工体系和资源配置体系过程中,加快与上海形成有效产业链的耦合,使南通的优质资源价值得到更大程度的体现,内在发展潜力和优势不断放大。

2. 上海实现转型发展的机遇

上海要发展成为世界级大都市,面临诸多制约因素,主要有:

(1) 发展空间的制约。从四个直辖市的土地面积来说,上海现有土地面积6 340.5平方千米,而北京的土地面积为16 410.54平方千米,天津为11 760平方千米,重庆的为82 402平方千米,因此,在四个直辖市中上海的土地面积是最小的。同时,上海十七个区当中,除了浦东新区有1 210平方千米,崇明区有1 185平方千米,面积较大外,其余几个区面积都较小,比如静安区只有7.62平方千米、黄浦区有20.46平方千米、虹口区有23.48平方千米。从四个直辖市的人口密度来说,上海的人口密度平均为3 754人/平方千米,远高于北京、天津和重庆的人口密度。中心城区的人口密度居世界之最。土地面积少、人口多,要成为全球资源配置的城市和国际大都市,无论是在发展潜力,还是发展空间上,受到很大的限制。

(2) 资源环境约束。随着城市规模的不断扩大,城市人口急剧增加,上海对土地、能源等要素的需求越来越大。上海土地资源总量有限,后备资源严重不足,已严重影响到上海的未来发展。市区土地已经严重超过负载能力,达到饱和状态。上海虽然水资源比较充足,但是由于过度利用和污染,使得上海成为水质型缺水城市。上海的一次能源为零,但是却是全国能耗最高的城市,上海每年的能耗为日本的4倍,美国的4.7倍,印度的2倍。

(3) 人力资源和人口结构的约束。人才聚集是上海众多优势中的一个突出的优势。但是近年来,随着人口的不断涌入,房价、出行成本高昂成为制约人才聚集的重要因素。不少人逐步放弃了在上海工作和生活的愿望,使得上海对人才的吸引力逐渐下降。与此同时,上海的人口老龄化问题日益凸显。虽然外来的青年人延缓了上海的老龄化进程,但是人口老龄化的趋势不可阻挡。预计到2030年前后,上海60岁以上的老年人口将超过500万,约占户籍人口的40%,这使得上海一方面面临人才吸引力下降,人才资源的流失;另一方面老龄化越来越严重,这对上海加快推进"四个率先",建设"四个中心"形成很大的阻碍。

这些制约因素逼迫上海要转型发展,疏散非大都市功能,这对处于上海一小时经济圈,同时又有产业基础、土地资源和高素质劳动力的南通,是一次千载难逢的历史机遇。

3. 南通建设重要区域性综合交通枢纽的机遇

进入21世纪后,南通加快了对接上海的交通建设,2008年苏通长江大桥和2011年崇启长江大桥的通车,使南通进入了上海一小时交通圈。由铁道部、上海市、江苏省共同投资建设的沪通铁路,是国家铁路"十二五"规划建设的重点项目,国家沿海铁路大通道的重要组成部分。沪通铁路2019年建成后将开行动车组,届时上海至南通有望1小时内互达。崇海长江大桥和沪宁江北铁路列入"十三五"规划,南通将成为国家综合运输通道中的重要城市。沪通长江大桥,按铁路四线、公路六车道设计,建成后将成为世界上功能最齐全的公路铁路两用桥,并超越苏通大桥成为世界第一跨的斜拉桥,其对南通经济跨越发展的影响力必将大大超过苏通大桥。新建的南通火车西站是长江北翼的大型综合交通枢纽、南通西部新城的主要组成部分、南通城市的标志性形象门户。由沪宁高铁、南沿江城际为基础构建的江苏沿江8市城际轨道,将使南通与江苏沿江7市城际快速通达。

南通机场航站区改扩建工程项目正在建设中,工程完成后,预计会设有11个登机廊桥,24个国内、6个国际值机柜台,贵宾区设11个独立休息室,2 300平方米观光平台,1 400平方米绿化内庭。届时南通机场将成为国内为数不多的拥有3座航站楼的民用机场。

南通市政府印发《长江三角洲城市群发展规划南通行动计划(2017—

2018年)》提出将南通建设为长三角北翼铁路枢纽。加快推进沪通铁路、宁启铁路二期、盐通铁路等项目建设,开工建设通苏嘉城际铁路,加快京沪二通道、北沿江高铁、上海—南通跨江通道、洋吕铁路及通州湾疏港铁路等项目前期工作。推进城市轨道交通建设,开工建设轨道交通1号线,启动轨道2号线,完成建设规划线网调整,启动运营研究。开展南通至如东、南通至通州湾城际铁路等项目的方案研究和规划。积极推动上海轨道交通延伸至南通。南通地铁1号线、2号线一期工程已开工建设,预计工期为五年。远景形成城市轨道交通"放射型"线网,由8条线路组成,总长约324千米。地铁建成后,不仅市区道路网络将更加完善,而且地铁的西部出入口与沪通铁路相连,"铁铁换乘"的交通方式,将使南通地铁与国家综合运输大通道实现有机衔接,南通的交通方式和格局将发生历史性变革。

这些重大交通基础设施的建设,为南通全面接轨融入上海,建设上海"北大门",奠定了坚实基础。

4. 南通城市格局演变与产业发展的机遇

"十二五"期间,南通主城区由沿江布局向通州区延伸至通州湾,《南通市"十三五"国土资源保护与利用规划》将兴仁、先锋、平潮纳入南通中心城区规划,这为南通主城区建设拓展了空间,通过城市布局调整,主城区达300万人口规模,各县(市)中心城区亦向中等城市发展,重要城镇向小城市发展。

"十二五"期间,南通市重点产业实施沿海、沿江、沿上海、沿交通、沿城市"五沿"布局,大力调整和优化产业结构。沿江形成天生港区、南通港区、任港港区、狼山港区、富民港区、江海港区、通海港区七大港区,沿海形成通州湾港区、洋口港区、吕四港区。依托六大支柱产业体系及海洋工程、新能源、新材料等七大新兴产业集群,形成以国家级经济技术开发区、省级开发区、特色产业园区为主体的产业功能布局,建成长三角北翼先进制造业基地。"十三五"期间,通过大力发展"互联网+"经济,以"工业4.0"引导"南通制造"向"南通创造""南通智造"转型,在大力发展船舶修造、海洋工程、机械电子、化工、轻工食品、医药、电力能源和新材料、新能源等新兴产业的同时,加快发展现代服务业和文化创意产业。加强港口资源优化整合,推进港口管理投资运营和集疏运体系一体化,打造江海组合强港。大力发展总部经济,突出打造具有代表性的总部型企业。

城市格局演变与产业发展,为南通全面接轨融入上海,建设上海"北大门",提供了载体与空间。

五、南通建设上海"北大门"要做好的重点工作

木桶理论认为,一个木桶能盛多少水,取决于这个木桶中最短的一块板。南通接轨上海融入上海具有很多优势,但也存在诸多制约因素。省委书记李强在省十二届人大五次会议南通代表团与代表们一起审议政府工作报告时指出,南通在新一轮发展中,要重点做好制造业、城市和人才这三项重点工作。这实际上也指出了南通的软肋所在。我们要下大力气补好发展制造业、建好中心城市和集聚人才三块短板,这样才能加快推进接轨上海融入上海进程。

一是坚定不移地发展制造业,特别是先进制造业。我市制造业历史久、基础好,区位、交通优势以及要素资源、开发平台和各种支撑条件都很好,但产业层次总体还不高,缺乏一些在全国、全球有影响力和竞争力的龙头企业,多数产品处在产业链中低端。制造业转型升级步伐要加快,在产业选择上,要大力发展"互联网+"经济,以"工业4.0"引导"南通制造"向"南通创造""南通智造"转型,在大力发展船舶修造、海洋工程、机械电子、化工、轻工食品、医药、电力能源和新材料、新能源等新兴产业的同时,加快发展现代服务业和文化创意产业。要有效对接好上海、苏南高端资源的外溢,适应智能化、绿色化、服务化的发展趋势,抓好产业科技创新、品牌建设等工作,把好环保关,实现先进制造业发展更大突破。

二是要着力建好中心城市,提高首位度,增强集聚和辐射功能。首位度是指用于测量城市的区域主导性指标,反映区域内城市规模序列中顶头优势性,也表明区域中各种资源的集中程度。南通要成为上海"北大门",它的经济吸引力和辐射力就不仅限于本行政区内,应成为苏中苏北地区,进而成

为江北八市的区域中心,在该区域内各城市中居有首位度,成为该区域内的产业中心、金融中心、科技中心、现代服务业中心、物流中心、人才聚集中心和国内外知名企业聚集地及交通枢纽。但是由于南通中心城市建成区规模偏小,使得城市吸纳各种生产要素的容量小,向外辐射力不足,带动周围地区发展的能力弱。我们要按照省市党代会人代会的要求,加快建设新型大城市的步伐,随着高速铁路等基础设施建设的不断完善,我市正在构筑大城市框架,我们应借此契机,重点做好添人气、添内容、添功能的工作,大大提升南通聚集资源和生产要素的能力。

三是要高度重视人才集聚和优化劳动力结构。由于我市基础教育好,高考录取大学生比例较高,但大学毕业生回通就业占比低,这种现象持续多年,致使我市成为人口净流出城市。2000年以来,我市高考录取大学生累计60余万人,到通就业率为40%,985、211院校学生返通不足1%,流出人口中劳动年龄人口占93.32%。而外来人口层次偏低,据2016年统计,全市流出人口98.0万人,流入人口60.17万人,净流出37.83万人。流入人口中,大专及以上学历仅占14.5%,初中及以下占60.7%。接轨上海、融入上海,建设上海"北大门"人才是第一要素,我们要大力实施人才培养集聚工程,应特别重视吸引南通籍在外高层次人才回乡发展,要出政策、拓空间、创平台。

同时,我市是全国计划生育搞得最早最好的城市,持续十余年的人口负增长(-0.56%,出生率7.54%,死亡率8.12%),超少子化与超老龄化问题突出,使我市的人口结构和劳动力结构出现危机。据有关方面统计,现有人口中,少年儿童(0-14岁)为76.87万人,占总人口10.53%,60岁以上老年人口占比达到26.27%,203万人,到2030年,60岁以上老年人口占比达到50%,成为全国老龄化程度最高城市,社会负担沉重。我们要高度重视解决人口结构和劳动力结构问题,积极实施一对夫妇生育两个孩子政策,采取各种举措,引入年轻的经济活力人口,改善人口年龄结构,加快发展养老事业和产业。

百年来,南通人以密切与上海经贸联系为推进经济社会发展的动力。

现在,接轨上海、融入上海、建设上海"北大门"战略的实施,开启了南通高质量建成全面小康、实现现代化建设新征程,描绘了南通更加美好的明天。包融会通、敢为人先的南通人,一定会在创造未来的奋斗中,书写南通新发展的辉煌篇章。

中共南通市委党校　季建林

南通建设上海"北大门"重点行动的若干建议

摘　要　在全省凝心聚力推进"两聚一高"新实践中,做好跨江融合、接轨上海这篇大文章,努力建设成为上海的"北大门",不仅是省委、省政府赋予南通的一项重要使命,更是南通拓展新空间、打造新引擎、积蓄新动能的主攻方向。今后南通应从统筹打造上海科技成果转移转化示范区、上海产业转移承接先导区、上海全球城市跨江辐射重要支点、上海优质农副产品生产供应基地和上海健康养生、休闲、生态旅游目的地等方面,明确南通全方位、宽领域、深层次全面对接服务上海的行动方案和重点任务。

省第十三次党代会召开以来,省委书记李强多次强调,南通要用好自身优势,做好跨江融合、接轨上海这篇大文章,努力建设成为上海的"北大门",释放作为江苏发展"潜力股"的巨大能量。按照省委、省政府提出的南通发展新定位,在市委、市政府的正确领导下,南通全方位、宽领域、深层次全面对接服务上海的号角已然吹响。服务于上海、建设"北大门",有利于增强上海与南通之间通过"门"的进出而形成紧密的经济、社会联系,提升南通作为上海北向辐射的门户功能,推动长三角城市群沿海发展带形成"上海龙头带动、南北两翼齐飞"的发展新格局。为促进南通深度对接服务大上海,实现"江海明珠"与"东方明珠"交相辉映,南通可从以下几个方面明确建设上海"北大门"的若干重点行动。

一、打造上海科技成果转移转化示范区

首先,建议构建南通产业与上海创新资源对接平台。一是建设具有世界创新影响力的沪通创新共同体。以南通"创新之都"建设为契机,发挥海工船舶、纺织、电子信息等特色产业基础雄厚优势,深度对接上海建设具有全球影响力的科技创新中心,在中央创新区、国家高新区、通州湾科创城等地,推动建设上海科技成果转移转化示范区,实现沪通两地创新资源、空间资源和政策资源互补共享。二是跨地设立产业技术研发载体。支持在上海张江高新区等地建立高水平市外产业技术研发载体,及时把握上海在建设全球创新城市过程中所瞄准的世界科技进步大方向和全球产业变革大趋势,前瞻性加强产业技术研发和重大共性关键技术攻关。三是联合组建创新创业联盟。积极争取加入"上海'互联网+'创新发展联盟",推进与张江高科技园区等共建创新创业联盟,实现两地联盟单位在信息交流、项目对接和投融资服务等方面的利益共享。

其次,建议提升科技成果转化与产业化能力。一是组建跨地区产业技术创新战略联盟。围绕南通"3+3+N"产业体系,推动组建跨地区的海工装备、纺织丝绸、电子信息、智能制造、新材料、新能源等产业技术创新战略联盟,实现检验检测、企业孵化、技术攻关、研发平台、大型仪器设备等优势资源共享。二是深化与上海高校院所对接合作。定期组织开展与上海高校院所科技合作对接会,建立校地、校企协作和技术对接网络平台,进一步深化企业与上海高校院所产学研合作基础。三是优化科技成果转化服务。加快建设全市技术交易市场体系,打造技术转移全过程服务产业链。四是成立科技成果转化基金。成立"科技成果转化基金"等创新创业基金,深入开展知识产权质押融资,争取更多项目纳入省级、国家级科技成果转化引导基金项目库。五是加快科技人才集聚。深化人才工作体制机制改革,打造一批便利化、全要素、开放式的"众创空间",为上海创新领军人才和创新科技人才来南通创新创业提供良好环境和条件。

二、打造上海产业转移承接先导区

首先,建议深入研究承接产业转移的重点与方向。一是注重补齐发展短板。围绕南通优势产业,积极承接先进技术,集聚创新要素,加快技术改造步伐。二是注重接受辐射带动。围绕接受上海金融资源辐射,积极引进在沪金融机构来南通设立分支机构或开展业务。三是注重参与上海城市非核心功能疏解。围绕服务上海城市性质定位,积极承接区域商贸流通、仓储物流、服务外包、健康养老、旅游等产业。

其次,建议积极打造产业承接载体。一是打造承接上海制造业类产业载体。将通州湾江海联动开发示范区以及国家级、省级开发区作为承接上海制造业类产业的主要载体,推动现有园区形成新的集聚效应和增长动力。二是打造承接上海服务业类产业载体。将城镇建成区作为承接服务业类产业的主要载体,进一步完善城镇功能,推动产城融合发展。三是打造高效运行的合作共建产业园区。将合作共建产业园区作为上海"腾笼换鸟"和南通"筑巢引凤"的重要平台,创新运用股份合作、托管建设、协议共建、产业招商等多种合作模式,探索建立跨区域协调管理和利益分享机制,实现两地优势互补、互利共赢。

三、打造上海全球城市跨江辐射重要支点

一是建议接轨上海大都市圈建设,打造沪苏通、通泰盐都市圈,提升长三角北翼经济中心功能。一方面,要加快推动沪苏通都市圈同城化发展,增强南通中心城市集聚辐射功能。在策应上海大都市圈同城化发展中,南通要大力推进沪苏通都市圈跨江融合发展,促进规划对接、基础设施对接、产业对接、体制机制对接,更多分享上海、苏州城市功能,积极承接产业、资源转移辐射,复制推广上海自贸区经验,加快建成长三角北翼具有国际竞争力的先进制造业基地和现代服务业基地,借势提升城市发展能级。尤其是要充分利用通州湾独特的区位优势和资源优势,加快通州湾深水航道和码头建设,加快江海河联运工程建设进度,积极打造江海直达运输集散基地、多

式联运物流中心,协同提升上海国际航运中心江海联运服务功能。另一方面,要积极谋划通泰盐都市圈特色化发展,彰显长三角北翼经济中心的地位和形象。在引领江苏江海联动、陆海统筹发展中,南通要倡导推动通泰盐都市圈江海一体化特色发展,着力培植本土企业做大做强,加快提升中心城市首位度,争当苏中苏北发展"领头雁",放大南通在江海联动、陆海统筹发展中的辐射带动效应,带动通泰盐都市圈成为江苏继苏锡常都市圈外对接服务上海的新高地,促进长三角城市群沿海发展带加快形成以上海为龙头、以宁波都市圈和通泰盐都市圈为南北两翼的"龙头带动、两翼齐飞"发展新格局。

二是建议接轨上海辐射全球、服务全国的交通枢纽建设,打造长三角北翼便捷高效的公铁水空多式联运中心,提升南通区域性综合交通枢纽功能。首先,建设江海空枢纽港。推动沪通两地港航货一体化,促进沪通空港物流深化合作,打造长三角北翼重要的"江港+海港+空港"多枢纽港发展模式,提升南通综合交通运输服务能力和区域资源配置能力。其次,建设城际快速路网。推动南通更好对接服务上海的城际高铁、跨江通道和市域交通网络建设,缩短沪通两地时空距离,提升南通与上海两地间的通达能力。第三,建设国际物流大通道。畅通陆水联运通道,增开国际货运航线和国际货运班列,加快融入"一带一路"倡议,提升南通"双向开放"服务能力。

三是建议接轨上海国际金融中心建设,打造"一核、一镇、一基地",增强南通中心城市金融集聚辐射功能。"一核":在新城区规划建设中央商务区金融服务中心,使之成为南通建设区域性金融节点城市的核心功能区,赋予南通区域性金融节点城市应具有的直观空间象征。"一镇":在狼山风景区东侧,由壹城商业区、民俗博览园景区、园林大观园景区等所构成的休闲服务区,利用其拥有北靠南通大学、东临国家级经济技术开发区以及规划建设中的中央创新区的金融创业环境优势,以格林尼治基金小镇为标杆,规划建设集金融产业、文化、旅游、社区功能于一体的特色示范型小镇——狼山基金小镇。"一基地":在区位、资源等各方面条件均较好的南通经济开发区能达商务区规划建设上海国际金融中心南通金融后台服务基地,促进形成具有一定规模和影响力的金融后台服务集聚效应。

四、打造上海优质农副产品生产供应基地

一是建议发展绿色优质农业。推进实施生态循环农业，促进农产品及加工副产物综合利用。加快推进全流程的农业标准化生产，推进全国绿色食品标准化原料生产基地建设。探索建立农产品质量安全可追溯体系，积极创建农产品质量安全示范市。

二是建议构建长期稳定的产供销关系。推进南通农产品与上海产销对接，着力发展农产品连锁经营、农超对接、农校对接、农社对接、农企对接业务，打造"南通名优农产品进上海洽谈会"等更为广阔的对接平台，鼓励上海的农产品批发市场、大型连锁销售企业以委托生产、订单农业等形式，在南通建设一批农产品生产供应基地。

三是建议创新农产品商业模式。主动适应上海消费需求，发展净菜加工，创新冷链配送、直营直销等经营模式，实施净菜进城工程。积极探索"互联网+农业+深加工""互联网+菜篮子+配送"等新兴商业模式，建立南通绿色农产品营销电子交易平台和农业综合信息服务平台，形成面向上海、覆盖全国主要城市的在线销售网络。

四是建议提升农副产品的品质和档次。探索建立区域性农业大数据中心和农业技术交易中心，打造先进农业科技推广前沿区。主动适应上海生活用品"消费升级"需求，鼓励农副产品加工企业改进工艺技术，创建知名品牌，拓展上海高端市场。

五、打造上海康养休闲生态旅游目的地

一是建议推动建设健康养生旅游示范基地。依托南通江风海韵特色、长寿之乡品牌和中医药特色养生保健资源，打造服务市场需求的系列健康养生休闲旅游产品，包括以江海河鲜美食、长寿食品等为主，打造"食养"系列健康养生产品；以濠河龙舟国际邀请赛、"环太湖"国际自行车公路赛、恒大威尼斯水城、南通水上乐园、森林公园等项目打造"动养"系列健康养生休

闲产品；以南通中医药文化博物馆综合性开发以及海安乐百年健康小镇、长江药用植物园、新村沙绿地长岛、通州湾国际健康产业园、小洋口等健康旅游园区建设为重点，打造"医养""疗养"系列产品。以海安河豚节、如皋长寿旅游文化节、如东国际风筝节、海门金花节、启东江海文化节等传统旅游节庆为主，打造特色健康养生休闲系列产品。

二是建议全方位打造生态风光带。对接崇明世界级生态岛建设，推动海门市海永镇和启东市启隆镇积极打造生态岛，加快发展生态农业、生态旅游业和休闲养老产业。以"三城同创"为抓手，实施全域旅游发展战略，大力推进水系、交通沿线、城市、园区绿化工程和生态旅游园区工程建设，积极构筑绿色生态体系，形成沿江、沿海、沿河、沿路、沿工业园区生态风光带，彰显宜居宜业的花园城市魅力和"江、海、河、湖、洲、岛"兼备的"水韵南通"特色。

六、加强组织领导

对接服务上海是一项系统工程，任务异常繁重，必须加强顶层设计、统筹协调推进。

一是建议成立领导小组。成立以市委书记、市长任组长的南通市对接服务上海推进工作领导小组，下设专业推进组，同时成立专门的推进工作办公室。

二是建议出台指导意见。出台相应的指导意见，明确南通对接服务上海的阶段性目标以及重大项目、重要事项和重点工作。

三是建议完善支持政策。主动与国家有关部委和省直有关部门搞好沟通衔接，在生态建设、过江通道建设、承接产业转移的载体建设、科技成果转移转化等方面争取政策支持，同时加紧制定吸引上海优质要素资源的配套政策。

四是建议开展精准招商。及时掌握上海有关城市建设动向和政策信息，主动加强与上海地区协会、商会及企业沟通联络，定期在上海开展大型推介活动。

五是建议强化督导考核。把重大项目、重要事项和重点工作纳入市委、市政府综合考核、重点督查内容。

六是建议加强舆论引导。充分发挥各类媒体的舆论引导作用,大力宣传对接服务上海的重大意义、工作进展、典型经验,努力在全市上下营造合力打造上海"北大门"的浓厚氛围。

南通大学江苏沿海沿江发展研究院　杨凤华

接轨上海要与融入扬子江城市群建设相衔接

摘　要　按照省委、省政府的战略部署,南通要把靠江靠海靠上海的优势转化为发展的优势、百姓致富的优势,在全省"两聚一高"发展大局中担当重任、多做贡献。

按照省委、省政府的战略部署,南通要把靠江靠海靠上海的优势转化为发展的优势、百姓致富的优势,在全省"两聚一高"发展大局中担当重任、多做贡献。近期有两项重要战略任务要同步推进落实:一是要做好"跨江融合、接轨上海"的大文章,争取在大上海经济圈发展中发挥更大作用;二是要构建辐射江北、融入苏南的新愿景,努力在扬子江城市群建设中释放增长潜力。

跨江融合、接轨上海的新定位,是要通过加强省际协同,把南通建设成为上海的"北大门";辐射江北、融入苏南的新愿景,是要通过深化省内融合,把南通打造成为江苏发展新增长极。两项战略任务既各有侧重,又紧密关联。服务接轨上海需要明确南通在扬子江城市群建设中的城市专业分工与城市发展定位,这样才能更好把握南通服务接轨上海的方向与重点;推动扬子江城市群建设需要南通充分发挥靠江靠海靠上海的优势,这样才能更好深化扬子江城市群作为子群,与长三角城市群核心城市上海之间的分工协作关系。因此,南通在制订服务接轨上海的有关行动方案时,要注重统筹做好与融入扬子江城市群建设的衔接互动,使南通在新一轮省际协同发展与省内融合发展中相得益彰。为此,简单谈三点统筹建议:

一是统筹城市定位。在服务接轨上海方面,南通的发展定位已明确为

"建设成为上海的'北大门'",但在融入扬子江城市群建设方面,南通的发展定位还需统筹思考。南通已有的城市发展定位之一是"建成长三角北翼经济中心",但目前有关专家对扬子江城市群研究中的一些提法,容易让人对该定位产生疑惑。在几篇公开发表的研究成果中,扬子江城市群的覆盖范围被描述为"长三角世界级城市群北翼核心区"。虽然"长三角北翼"与"长三角城市群北翼"可以理解成不同的地理空间,但如果扬子江城市群被标签为"长三角城市群北翼",势必会让人对南通"建成长三角北翼经济中心"的定位产生一定疑惑。因此,建议在接轨上海的同时,要紧密跟踪扬子江城市群建设的相关决策,避免出现一些容易对南通城市发展定位产生疑惑的提法。

二是统筹行动方案。南通在谋划服务接轨上海的行动方案和融入扬子江城市群建设的行动方案时,要增强系统思维,统筹落实两大战略任务。比如,为策应上海崇明世界级生态岛建设,南通正在组织编制《沿江生态带发展规划》。从统筹服务接轨上海与融入扬子江城市群建设的要求来看,该规划在内容上不仅要做好与上海崇明世界级生态岛建设方案的对接,而且也要做好与江苏沿江绿色生态廊道建设方案的对接,统筹推进上海生态旅游目的地建设和沿江相邻城市间的生态过渡带建设,从省际、省内更大空间范围内强化南通城市生态功能。

三是统筹设施联通。接轨融合,交通先行。南通应统筹推进交通基础设施的规划建设,充分发挥其在衔接两大战略任务中的先导性作用。目前北沿江高铁建设方案及其过江方案受到广泛关注。南通在参与论证确定最终方案时,要从全局的高度通盘考虑,不仅要考虑是否有利于更好服务接轨上海,而且要考虑是否有利于提升南通中心城市首位度、是否有利于推进南通陆海统筹配套改革和江海联动开发示范,以便更好支撑扬子江城市群乃至在更广地域范围内实现陆海统筹发展和江海联动开发。

文章来源:《南通日报》(2017年5月17日时评版)
南通大学江苏沿海沿江发展研究院　杨凤华

南通接轨上海，重点在哪里

最近，几则与区域经济发展有关的消息备受关注。先是李克强总理在今年《政府工作报告》中，提出了"研究制定粤港澳大湾区城市群发展规划"的要求。稍后，4月1日，中共中央、国务院决定设立河北雄安国家级新区。几天后，浙江省批复嘉兴市设立"浙江省全面接轨上海示范区"。

而江苏南通，省委书记李强在去年省第十三次党代会南通代表团审议工作报告时就指出，南通是江苏发展"潜力股"，要做好"跨江融合、接轨上海"这篇大文章，努力把南通建设成为上海的"北大门"。

在这样的背景下，南通应该如何对接服务上海？重点在哪里？4月22日，省重点培育智库南通大学江苏长江经济带研究院组织全校相关领域专家，进行专题研讨。

南通大学党委书记、江苏长江经济带研究院院长成长春教授说，有意见认为，在研究制定粤港澳大湾区城市群发展规划的同时，应当将沪杭甬大湾区都市圈发展规划提上议事日程。"除此以外，浙江正致力于和上海共同建设小洋山。这表明，浙江在对接服务上海方面行动比较快。"成长春分析指出，江苏需要研究一个问题，就是如何发挥自身优势，通过借力上海实现自身更大发展，实现"两聚一高"的战略目标。

通州湾是苏中、苏北对接服务上海的桥头堡，是长江经济带的东部起点、丝绸之路经济带和21世纪海上丝绸之路的交汇点，具有建设江海交汇的现代化国际港口城市的良好区位、口岸基础与产业交通条件。成长春提出，通州湾要尽快形成产业和城市的支撑。"上海是长三角城市群的核心，通州湾位于上海北翼，而南翼则是沪杭甬大湾区。从经济发展的现状来看，北翼与南翼差距过大。这种南强北弱的格局不利于长三角作为龙头发挥带动引领作用。"成长春认为,通州湾应瞄准上海城市转型、功能疏解这一机遇,充分用好交通区位、土地资源、港口航道、江海联动等方面的独特优势,以高端装备制造、现代物流、新能源、新材料等为主要方向,积极规划对接服务上海的工作。"此外,扬子江城市群和对接服务上海看似两个孤立的问题,但我们应该把这两个问题结合起来,回到长三角城市群来探讨建设上海北大门的问题。"

"沪杭甬大湾区构想是以杭州为核心、以上海为北翼、以宁波为南翼,这意味着长三角的重心将南下。"华东师范大学教授、江苏长江经济带研究院特聘教授徐长乐说,有意见认为应加强上海自贸区和舟山自贸区的融合互动,这样江苏在长三角的地位将被边缘化。在他看来,粤港澳和沪杭甬具备打造湾区经济的条件,但通州湾是不具备的,而且缺乏产业和城市的支撑。另外,湾区经济缺乏像长江经济带这样的流域经济的腹地支持,无法实现沿海和内陆的互动。因此,江苏还是应该重视长江口地区流域经济的发展。"应坚持在长江经济带战略背景下推进长三角一体化;应明确扬子江城市群在国家战略中的定位,进一步强化长江下游河口地区的核心主导地位。"关于对接服务上海,徐长乐认为,南通在要素、产业、人才方面的工作力度比较大,但富有成效的措施并不多,应尽快建立起上海和南通的常态化的高层对话机制。

与会其他学者也就南通如何对接服务上海阐述了自己的观点。南通大学地理科学学院院长王英利教授认为,总体来看,当前沪通深度对接服务还存在交通瓶颈,以及港口集疏运体系协同发展不足、主动对接意识有待加强等突出问题。"为有效解决这些问题,应以规划理念更新、通道建设加速、要素互补强化等为基本取向。"商学院副教授陈晓峰对这一观点表示支持,同时指出,"南通对接服务上海应着力降低成本、提升功能、补齐短板"。

江苏长江经济带研究院副研究员陈长江博士说,上海作为经济中心城市,其核心功能首先是经济功能,体现为建设"四个中心"和科技创新中心、文化大都市等。除此以外的功能就是非核心功能。"对接服务上海就是要承接上海非核心功能的疏解转移。"他认为,产业方面的合作不等同于项目落户，应注重全产业链的内涵。

"南通对接服务上海的关键是如何开展区域合作与分工。"地理科学学院副教授陈为忠博士认为，南通与上海在港口与集疏运体系建设方面协同不够。目前，上海港是我国集装箱最大的港口，但是现有深水岸线已用尽，港口一直处于超负荷运行，相反南通港仍有近40公里未开发利用的沿江岸线，海港岸线空间更是非常广阔。商学院副教授胡俊峰提出，应推进对接上海科技服务机构和设施、科技园区、高校院所、知名企业、"双创"人才和创客资源。此外，应对上海牌照汽车通过过江通道给予费用方面的优惠，对来通落户的上海企业给予税收方面具有针对性和精准性的优惠。

"对接服务上海应坚持绿色发展的理念，应采取措施促使来通落户的上海企业实现绿色转型。"江苏长江经济带研究院副研究员冯俊博士认为，可以吸引上海科创资源在中央创新区开展节能减排方面的研究，同时，引导南通金融机构对落户南通的企业的绿色转型提供绿色金融服务。地理科学学院叶磊博士说，应充分了解上海方面的需求，注重差异化发展和优势互补，尤其要注重生态环境和补好沿江交通方面的短板。江苏长江经济带研究院刘俊源博士认为，上海总体规划是到2040年建成卓越的全球城市，需要疏解非核心功能、控制人口规模、缓解环境压力、实现内涵发展，"南通要充分研究上海的城市规划，这样才能做到合作共赢"。

"和湾区经济相比，流域经济具有广阔的腹地，这是湾区经济无法比拟的优势，因此，今后江苏还是应该坚持打长江经济带这张牌。"综合与会专家的观点，成长春说，南通对接服务上海，不仅是南通一个城市的问题，更是江苏全省的重要的课题。"南通是沪苏通和通泰盐这两个小金三角的重要节点，应充分发挥自身独特的区位优势，打造上海'北大门'，承接上海非核心功能疏解，促进各类资源高效配置、市场无缝对接，以此强化上海对通泰盐都市圈的辐射效应。"

成长春同时提出，除了打好长江牌以外，还应打好以下几张牌：一是加强交通互联，围绕上海建设国际航运中心定位，加快南通江海港口对接服务上海，全面深化南通港与上海港的战略合作；二是要重视全产业链的承接，

加快园区转型升级,促进园区规范化、集约化、特色化发展,打造承接全产业链的大平台;三是要注重体制机制的对接服务,下大力气完善体制机制,全面硬化软环境,全面构建法治化的政策环境、政务环境、投资营商环境和人文环境,积极推进我市相关政策与上海的对接;四是要聚焦上海丰富的科创资源,抓住上海建设有全球影响力科技创新中心这个重大机遇,吸引上海的创新要素向南通流动,推动南通创新之都建设;五是要注重生态保护,强化规划引领,分层推进空间融合,加快推进沿江生态带建设,呼应崇明世界级生态岛建设规划。

文章来源:《南通日报》(2017年4月24日头版)

南通大学江苏长江经济带研究院

打造通州湾临港产业城助推南通建设上海"北大门"的若干建议

摘　要　通州湾江海联动开发示范区(以下简称"通州湾示范区")区位优势独特,建港条件优越,开发空间广阔,江海联运便捷,生态环境优良。在上海全球城市核心功能培育和非核心功能疏解扩散的机遇中,通州湾示范区"主动对接服务上海"将成为未来区域发展的主旋律,需要从培育江苏沿海湾区经济的重要增长极、建设综合交通体系枢纽地、创立沿海临港特色产业基地、打造现代化宜居宜业新港城和构建跨区域协同合作机制等方面,以此助推南通科学合理地建设上海"北大门"。

2017年3月20日,江苏省委书记李强专题调研通州湾江海联动开发示范区开发建设情况,做出了"主动接轨上海,找准切入点精准发力,全面加大重大项目推进力度"的重要指示。通州湾示范区于2014年上升为国家战略,2015年5月被确定为"长江经济带北翼桥头堡、江海联动现代物流集聚区、江海产业联动发展先导区、陆海统筹综合配套改革先行区"的发展定位。日前,《南通建设上海大都市北翼门户城市总体方案》明确定位通州湾示范区为"临港产业城"。在上海全球城市核心功能培育和非核心功能疏解的契机中,通州湾示范区接轨上海,推进临港产业城建设,将有利于实现通州湾示范区建设国家级新区的战略目标,有利于推动长三角区域协同发展、融合发展,改变长三角大湾区"南强北弱"的区域格局,有利于呼应南通建设上海大都市北翼门户城市的战略要求。未来,通州湾示范区需紧紧围绕总体战略定位、综合交通体系、临港特色产业、城市配套功能和区域协同治理等方面,积极助推南通建设上海"北大门"。

一、培育江苏沿海湾区经济的重要增长极

2017年7月,随着"粤港澳大湾区"的提出,湾区经济正式上升为国家战略。以上海为龙头的长三角南翼环杭州湾地区频频发力,先是在2017年3月同意嘉兴设立"浙江省全面接轨上海示范区",后出台了《浙沪合作示范区实施方案》,日前又与上海政府达成一致共识,将倾力打造环杭州湾湾区经济。江苏省政府提出着力打造扬子江城市群,但与湾区经济关系不大,且局限于本省行政区划内部,对外辐射影响力有限。南通地处上海北翼长江入海口,围绕湾区经济迟迟未有大的呼应和举措。未来要打造以上海为龙头的长三角大湾区经济,仅仅依靠南翼的杭州湾还远远不够。

通州湾示范区地处江苏沿海地区南端,是上海北向辐射通道的"桥头堡",江苏沿海开发、推进陆海统筹和江海联动改革试验的核心区和先导区。未来要借鉴世界著名湾区的发展经验,在依循《通州湾江海联动开发示范区总体方案》定位要求的基础上,重点围绕上海全球城市建设要求,建设上海国际航运中心北翼重要门户、新兴临港特色产业基地和现代化宜居宜业新城,实现港产城"三港联动"发展,积极打造长三角湾区经济标杆,培育江苏沿海湾区经济的重要增长极,以此壮大长三角北翼湾区综合竞争力,呼应南翼环杭州湾大湾区,积极融入长三角大湾区城市群,辐射和带动江苏苏北沿海地区发展。

二、建设综合交通体系枢纽地

一是加快30万吨级深水大港建设。经交通部专家调查研究表明,通州湾示范区的腰沙—冷家沙海域滩槽格局长期稳定,具备建设30万吨级航道和深水码头泊位群的条件。通州湾示范区要利用这样的优势资源,加快论证通州湾港口建设规划,推进15万吨级进港航道和三夹沙—腰沙30万吨集装箱深水大港建设。

二是大力实施江海联运工程。提升内河航道等级和通航能力，打通通州湾示范区与主要内河水系、沿江港区的水上通道，开辟内河干线航道和集装箱航线网络，构建长江入海口北岸新通道，大力推进公铁水等多式联运，全面优化港口集疏运体系，构建江海直达与联运服务中心。

三是构建区域综合交通体系。在公路方面，加快通州湾示范区与海启高速、沪陕高速、崇海通道间的疏港联络线建设，推进与兴东机场、南通城区间快速通道建设；在铁路方面，加速通州湾示范区与海洋铁路、宁启铁路二期的疏港铁路专线建设，预留至北沿江高铁、崇启大桥、南通高铁西站的轻轨线路；积极构筑连接上海的过江大通道，实现区域间互联互通，融入上海1小时交通经济圈。

三、创立沿海临港特色产业基地

一是引进龙头大项目。通州湾示范区可以发挥土地资源和腹地空间优势，借助上海战略性新兴产业和传统制造业外溢的契机，吸引上海石化、宝钢集团等大型国有企业的龙头项目落户通州湾示范区。

二是培育临港特色产业。以上海的利益需求为核心，承接好上海战略性产业的梯度转移，找准某一个点或某一个产业链进行精准对接；依托通州湾示范区的大空间，有效承载上海和南通沿江地区的精品钢材、临港装备和化工企业的有序转移，打造江苏沿海重要石化产业基地。同时，重点培育高端装备制造、新能源、新材料、现代物流等临港型产业，形成特色产业集群，创立我国沿海临港特色产业基地。

三是实现生态绿色发展。以保护区域生态环境为前提，以生态标尺遴选发展要素，高起点制定绿色发展负面清单制度，严格控制高污染、难治理产业，加大对石化、钢铁等重污染产业的转型升级力度，强化生态环境硬约束，实施综合环境提升整治工程，实现临港产业与生态环境的良性发展。

四、打造现代化宜居宜业新港城

一是积极培育区域新功能。抢抓上海全球城市非核心功能外溢的机

遇,积极发展金融服务、科技创新、电子商务、健康养老和生态休闲等高附加值产业,促进上海非核心功能和就业岗位的疏解,实现与上海的功能互补。

二是提升整体环境魅力。一方面加快生活配套服务功能,做好相关市政配套建设,完善通州湾临港产业城功能布局规划,吸引更多的人口集聚通州湾示范区居住创业;另一方面,实施积极的高层次人才引进政策,营造良好的创新发展环境。推进社保、个人住房公积金、城际客运等市民服务一体化,提升区域整体活力和魅力。

五、构建跨区域协同合作机制

一是建立省市级协同机制。建议由江苏省政府或省发改委牵头,与上海市政府、国资委进行多方协商,积极争取省级层面和上海方面的支持。以沪苏两省市和南通市领导为主要成员,创建通州湾示范区接轨上海工作领导小组,并建立区域间高层领导人不定期会晤机制,牵头部门工作机制和信息共享机制。完善顶层规划设计,建议尽快出台《通州湾江海联动开发示范区接轨上海总体方案和实施意见》,并制订具体的行动计划(2017—2020年),以及未来几年接轨上海的工作内容和项目。

二是加快飞地合作园区建设。建议由上海企业提供技术和资源,通过参股、控股等方式参与合作,通州湾示范区提供土地空间和成本,与上海重点园区和大型企业共建"飞地"合作示范园区。与上海临港集团共同签订通州湾临港产业城建设战略合作协议,共建沪苏产业合作示范区,与上海漕河泾经济开发区共建通州湾海洋经济特色产业园。

三是加强港口间合作联盟。加快推进通州湾示范区港口保税中心和保税港区申报,深化与上港集团等上海重点国有企业的合作,探索建立通州湾自由贸易港区。按照上海大都市北翼组合强港进行定位,积极融入上海国际航运中心建设,在功能设定上与上海港协同分工、错位发展,并与沿江沿海周边各港口建立合作联盟体制,实现互利共赢。

课题组负责人：南通大学江苏长江经济带研究院　成长春
课题组成员：华东师范大学　徐长乐
南通大学江苏长江经济带研究院　周威平
南通大学江苏长江经济带研究院　杨凤华
执笔人：南通大学江苏长江经济带研究院　刘峻源

不断提升南通中心城市首位度

2月6日下午,省委书记李强出席省十二届人大五次会议南通代表团全团会议,与人大代表们一起审议省政府工作报告时指出,南通要着力建好中心城市,提高首位度,增强集聚和辐射功能。

城市首位度是衡量一个城市辐射力、影响力、带动力的重要指标,代表着该城市在所属区域的实力和地位。提升城市首位度有利于构建规模合理的市域城镇体系;有利于建立网络型大城市梯度发展态势;有利于优化中心城市的功能;有利于提升城市区域影响力。

2011年至2016年,南通GDP从4 080亿元增长到6 768亿元,占全省比重从8.3%提高到8.9%,在全国大中城市排名从第27位前移至第21位,三次产业结构优化为5.4∶46.8∶47.8,常住人口城镇化率提高到64.4%。此外,"三去一降一补"有效推进,高新技术产业优势显现,生产性服务业快速发展。

但南通目前的城市首位度距离长三角北翼经济中心和上海"北大门"的要求仍有一定差距。今后应充分发挥独特区位优势,紧抓"一带一路"、长江经济带、长三角城市群、江苏沿海开发等多重国家战略叠加机遇,做好跨江融合、接轨上海大文章,加快提升区域影响力,在推进"两聚一高"新实践、建设"强富美高"新江苏中,展现南通应有的作为与担当。

南通规模优势不突出,限制了作为首位城市的极化和辐射效应。无论从长三角北翼经济中心的定位而言,还是从上海"北大门"的定位而言,都应把"发展大城市"作为自己的战略选择。为此,应紧扣Ⅱ型大城市的定位,积极推进接轨上海的工作,实现与上海之间的空间一体化和功能一体化;积极融入长三角城市群建设,统筹市内各区(市)县发展,推进经济转型升级。建设大城市要注重优化城市空间结构,推进城市向绿色生态宜居宜业转型;要发挥中心城市的核心功能,将"一核四片区""T"型组团式城市发展格局转变为"双核心、多片区"的新型组团式城市发展格局;要加快推进县(市)城区和小城镇建设;要通过体制创新增强发展动力,以此形成大中小梯次有序、布局合理的城镇体系。

一、打造科教文化优势,深化创新驱动

围绕产业链部署创新链,围绕创新链配置资源链,加强关键核心技术攻关,加速科技成果产业化,完善产业技术创新体系,提高关键环节和重点领域的创新能力。以最大限度地提高创新效率,降低创新成本,使创新所需的各种资源得到有效的整合,各种先进要素得到合理配置和使用。加快中央创新区等一大批创新平台建设,打造科创特区,提升创新浓度,形成创新资源的聚合裂变效应。培育科技创新主体,搭建公共科技创新平台,加大科技企业孵化器建设,鼓励企业建立研发机构、加大研发投入,鼓励校企合作推进科技创新,提升自主创新能力。完善各项激励机制,努力提高科技成果转化率。发挥科协组织的网络优势和人才优势,打造科技创新智库。探索形成公共财政扶持创投机制,完善创新活动融资担保机制,建立政府引导基金,吸引境内外创业风险投资机构。

二、调整优化产业结构,增强产业实力

深入推进实施"3+3+N"产业发展战略,加大项目引进力度,努力打造"地有品牌、城有特色"的产业协同发展格局。协调性均衡推动南通沿江地区、沿海地区产业发展,沿江地区要以具有国际水平的海工船舶基地为核心,打造世界级制造业集群;沿海地区要抢抓南通获批成为国家海洋经济创新发展示范城市的契机,形成要素高度集聚、功能布局合理、生态环境良好、海洋特色鲜明、竞争优势突出的蓝色产业发展带。在重点产业和支柱产业中,扶持培育一批龙头骨干企业集团,提高产业的集中度,延长产业链,培育

具有国际国内和区域影响力的特色品牌,打造占据产业高端和融入全球价值链的产业集群。以中国制造2025为指引,顺应"互联网+"的历史潮流,以加快新一代信息技术与制造业深度融合为切入点,以促进制造业创新发展和绿色发展为着力点,以推进智能制造、服务型制造以及突破关键核心技术为主攻方向,大力推进制造业向集约化、高新化方向发展。培育一批产业特色鲜明、科技含量高、经济效益好、资源消耗低的特色制造业基地。以制造业上下游延伸为载体,积极发展生产性服务业。

三、增强城市集聚能力,提升城市能级

重点提高中心城区首位度,从经济首位度、产业首位度、科技首位度、人才首位度、文化首位度等方面着手,完善和增强整体功能,提高城市品质内涵,增强集聚优势和辐射带动能力。应加快推进交通基础设施建设,完善城区路网体系,构建立体便捷的综合交通,打造升级版互联互通。进一步打通江海联运的物理瓶颈,以港口资源整合为重点加快提升港口功能,调整和优化港口功能布局,提升南通港、兴东机场综合承载能力,以水中转为重点加快集疏运体系建设,以多式联运为重点加快交通枢纽建设,积极融入上海港口、航空服务体系,增强江海交汇的区域性综合交通枢纽滨海新门户带动功能,实现资源配置优势互补,共同辐射带动长江流域发展;加强港产城融合,发展临空经济区,促进产城转型与港口建设互动共进,以功能提升为重点加快物流基地建设,打造长三角北翼现代物流中心;突出发展现代服务业,扩大区域性商贸中心的辐射功能。以建设区域性金融中心为目标,规划建设金融集聚区,加快引进金融机构法人总部、地区总部和结算中心。

文章来源:《南通日报》(2017年3月29日理论版)
南通大学江苏长江经济带研究院　冯　俊

加快扶持培育南通民营大企业集团

摘　要　民营经济是南通市经济结构中最活跃、最积极、最具竞争力的经济成分和稳增长、调结构、转方式的重要力量。"十三五"时期加快扶持培育一批具有核心竞争力的民营大企业集团,对南通具有重要意义。虽然近年来南通民营经济和民营企业发展成就显著,但在扶持培育大企业集团方面仍存在以下瓶颈:一是企业规模小且产业集群松散;二是多数民营企业处于价值链低端;三是民营企业自主创新能力有待提高;四是家族制管理模式制约进一步发展。针对以上问题,课题组从完善宏观政策、以资本为纽带扶持培育民营大企业集团、引导民营企业自主创新、有效提升民营大企业集团发展内力等四个方面提出了对策建议。

扶持培育民营大企业集团是推动"长江经济带建设"的重要抓手,是融入"一带一路"倡议的现实要求,同时也有利于推动供给侧结构性改革。从南通当前经济的所有制结构来看,民营经济已成为我市经济结构中最活跃、最积极、最具竞争力的经济成分和稳增长、调结构、转方式的重要力量。因此,加快扶持培育一批具有核心竞争力的民营大企业集团,对南通在"十三五"时期更好地推动多个国家战略的实施,提升长三角北翼经济中心地位,基本建成经济强市,实现"强富美高"新南通的战略目标具有重要意义。

一、南通民营经济与民营企业发展现状

民营经济是南通发展的一大特色与优势。改革开放以来,市委、市政府

高度重视民营经济发展,2003年,提出争创"江苏民营经济第一大市"的目标,2005年9月,进一步做出争创"三名"(名企、名品、名人)的重大部署,2013年,又在全省率先出台了《关于实施"五项工程"加快促进民营经济转型升级的意见》,引导民营企业积极应对宏观经济环境变化,加快实现转型升级。近年来民营经济和民营企业发展的主要成就如下:

(一)经济支撑作用大

2014年年末,南通民营经济增加值占GDP总量比重达到64%,10年提高了8.6个百分点;民间投资占全市固定资产投资总额的74.3%,10年提高了近20个百分点;民营经济税收占全市税收总额的71.8%,10年提高了22.3个百分点;全市16家企业入围全国民营企业500强,18家民营企业营业收入超百亿并跻身全省民营企业100强;民营企业吸纳就业人数300余万人,占全市第二、第三产业就业人数的89%。在当前经济下行压力加大的情况下,南通民营经济对全市经济发展起到了重要的支撑作用。

(二)转型升级步伐快

2014年,南通新兴产业产值中民营经济占比达到65%左右,全市国家级民营高新技术企业达到663家,10年翻了一番,民营高新技术产业产值超过4 800亿元,占全市的88%;全市有70多个民营特色板块,其中,百亿级民营特色产业板块达到24个,船舶海工与家纺板块产值均在1 000亿元左右;此外,南通民营企业科技创新工程综合发展指数列全省第一,知识产权示范市考核列全国第九。

(三)支柱行业特色显

南通民营工业企业主要分布在纺织业(808家)、通用设备制造业(360家)、金属制品业(296家)、化学原料及化学制品制造业(290家)、电气机械及器材制造业(242家)等行业。电气机械及器材制造业、化学原料及化学制品制造业、纺织业、通用设备制造业、计算机、通信和其他电子设备制造业等五个行业的总产值占民营工业总产值的53.9%,已成为支撑全市民营工业发展的支柱行业。

(四) 对外投资示范强

近年来,南通民营企业通过开展对外投资,打开了市场,创造了财富,也引进了国外先进理念、技术、资金和人才。截至2014年年底,全市对外投资分布在57个国家和地区,核定对外投资金额达到31.5亿美元,其中民营资本占比高达92.7%;境外投资项目达到272个,其中民营企业占76.47%,涵盖纺织、建筑、船舶装备等十多个行业;南通三建、南通建工等企业入选全球最大国际承包商250强;从对外贸易来看,民营企业出口占到了全市的44%,其中一般贸易出口占全市的73%。

二、扶持培育民营大企业集团方面存在的主要瓶颈

(一) 企业规模小且产业集群松散

首先是户均规模偏小。2014年,南通规模以上民营工业企业户均产值为2.1亿元,低于国有企业(9亿元)和"三资"企业(3.4亿元)的水平;其次是大中型民营企业比重偏低。2014年大中型民营企业产值占民营工业的比重为43.0%,比全部规模以上工业大中型企业产值占比低5.7个百分点。三是产出效率偏低。2014年民营企业全员劳动生产率为30.1万元/人,低于国有企业(39.4万元/人)和"三资"企业(30.3万元/人)的水平。南通民营企业中龙头企业偏少,具有集聚示范效应的引进嫁接型企业更少;产业集聚层次不高,企业分工协作不细。此外,"规模小"还导致南通民营企业缺乏防范市场风险、金融风险等各类风险的能力。

(二) 多数民营企业处于价值链低端

南通民营企业传统产业比重大,绝大多数企业缺少核心技术,且许多企业对产品品牌和综合服务附加值的挖掘认识不够,大多数企业只承担产业链低端、利润较低的施工环节任务,而工程设计、工程咨询、工程管理、投资顾问、项目运营等高端能力相对缺乏。以纺织服装行业为例,目前南通纺织服装民营企业呈现出"中间大、两头小"的橄榄形结构,即赢利较少的生产制造环节能力较强,而利润丰厚的研发、设计及市场营销、品牌等环节能力较弱,在综合竞争力方面与苏州、无锡等市差距较大。

（三）民营企业自主创新能力有待提高

2014年，全市规模以上工业企业科技活动统计显示，有科技活动的民营企业仅占民营企业总数的31.6%，所占比重较国有企业和"三资"企业分别低23.8和7.0个百分点。民营企业R&D经费内部支出81.2亿元，R&D投入强度（R&D投入占主营业务收入比重）仅为1.1%，较国有企业和"三资"企业分别低0.5和0.1个百分点，这说明我市民营企业的科技投入不足，自主创新能力亟待提高。南通民营企业普遍存在政策信息、市场信息不对称问题，且转型升级所需的包括资金、技术、信息、物流、供应链等在内的较为完善的社会服务体系尚未形成。

（四）家族制管理模式制约进一步发展

当前，我市民营企业管理模式多为家族制管理，企业社会化和公开化程度低。家族制管理模式在企业发展管理方面容易出现"近视症"，企业负责人缺乏长远的眼光和整体系统的观念，容易忽视其他社会因素对企业长久发展的作用。在激烈市场竞争环境下，这种管理模式导致企业战略无法有效提升，很难适应经济发展的要求。

三、南通扶持培育民营大企业集团的对策建议

今后一段时期，我市应围绕服务"长江经济带"和"一带一路"等国家战略，以持续增强南通综合竞争力为目标，以供给侧结构性改革为重心，以优化资源配置和完善产业链为基础，以战略性结构调整为主线，以机制创新和技术创新为动力，坚持"政府推动、政策扶持、企业决策、市场运作"的基本模式，进一步改善民营企业发展的外部环境，引导民营企业建立现代企业制度，鼓励民营企业对原材料和能源等要素、上下游产品和市场渠道等环节进行资本与资源整合，围绕"产业聚集、产业升级、技术进步"，培育一批规模大、实力强、成长性好且具有带动力的民营龙头企业，依托民营龙头企业培育民营大企业集团。主要对策建议如下：

（一）完善宏观政策，培育"南通民企航母"

一是加大各项政策扶持力度。主要包括以下几个方面：第一，借鉴国

家发改委 2016 年 7 月 28 日印发的《各地促进民间投资典型经验和做法》，深入推进简政放权，构建"亲""清"新型政商关系，加强和改善政府服务，营造公平透明市场环境。第二，加大财税政策支持力度。建立《扶持培育民营大企业集团发展专项资金》，支持重点产业发展，其内容要涵盖科技、人才、融资、减负等多方面企业成长要素。第三，加大土地政策支持力度。通过深化陆海统筹发展综合改革试点，完善土地市场调节机制，按照"严控增量、盘活存量、管理总量、集约高效"的原则，科学提高土地的投资强度和利用率。第四，实施项目带动，增强发展后劲。要抓好民营大企业集团的项目策划和生成工作，按照支持"龙头产业、龙头企业、龙头产品"的思路，培植一批科技含量高、产业链长、出口比例高的民营企业投资项目。第五，抓好政策落地，实施政策评估。应制定完善具体配套实施办法与操作规程，确保各项政策落地生效。同时，市政府每年组织第三方机构对政策施行情况进行评估。

二是突出重点、择优扶持培育。按照"重视传统产业与战略性新兴产业的互动发展"的原则，对目前已形成的民营大企业集团和适宜培育发展大企业集团的民营企业，进行认真筛选，将符合条件的企业集团及企业，分层次分梯队列入《重点扶持培育目录》。进入《重点扶持培育目录》的企业集团或企业一般应具备以下条件：第一，要求符合国家、江苏省、南通市的产业政策。依据国家以及省市制定发布的"十三五规划"、中共中央政治局于 2016 年 4 月审议通过的《长江经济带发展规划纲要》、国家发改委、科技部、工业和信息化部于 2016 年 3 月 9 日联合发布的《长江经济带创新驱动产业转型升级方案》（"5＋10 产业集群"）以及南通市委市政府于 2016 年 4 月 13 日印发的《市委市政府关于加快推进项目建设的意见》（"3＋3＋N"产业体系），将扶持培育重点放在高端纺织、船舶海工、电子信息、智能装备、新材料、新能源和新能源汽车、生物医药、电子商务、现代物流等产业领域。第二，年销售收入超亿元或是上市公司以及有驰名商标、中国名牌产品的企业。第三，有科学、系统的发展规划。第四，主导产品有较强的竞争优势和发展潜力。第五，技术创新、市场开拓和经营管理能力强。第六，主要经济指标居国内同行先进水平，具有持续的盈利能力和抗御风险能力。

三是大力发展园区经济。积极推进"民企进园区"工作,各大园区应不断拓展服务功能,全力营造"亲商、爱商、富商"的工作氛围,推出包括土地、财税、金融、人力资源、科技、创业、发展环境优化等多方面的优惠政策;不断提高园区产业集聚能力和承载能力,推动产业集聚,推动优势资源向优势企业集中,着力打造工业"走廊"和产业带。提高园区的投资密度和产出水平,推动民营大企业集团在更高的层次上实现集群化发展。此外,应根据我市产业结构调整的需要,高起点、规划打造一批民营科技园和工业区,形成特色民营企业工业园区和产业基地,以技术创新支撑园区经济增长方式,走特色化、专业化之路,形成一批具有地方特色、高技术含量、多层次增值的产业链,大力发展园区循环经济。

(二)以资本为纽带扶持培育民营大企业集团

一是打造产融结合型民营大企业集团。产融结合是企业跨越式发展的必然要求,是集团企业实现产业集聚整合和全产业链发展的有利途径。产融结合经营模式能有力促进集团企业转型升级。比如,南通建筑承包类集团企业,在实施产融结合的经营模式后,建筑施工企业将由单一的施工建设企业转变为"投资运营服务型企业",将改变以往只注重与单一或为数不多的大客户构建客户渠道且被动参与投标、竞标的模式,积极主动地寻找市场,注重市场调研,注重品牌建设,注重资本运作模式与投资回报,能够设计建造出性价比更高、更贴合用户需求的基础设施;同时资金配置更加合理,运转更加高效。我市民营大企业集团产融结合战略应按照企业集团的整体战略和实际情况设定金融边界,注重产业资本与金融资本之间的整合,建议参考"中民投"模式,由市工商联牵头,组织多家有实力的大型民营企业,共同组建联合投资基金,通过"投、贷联动""股、债联合"、中介服务、不良资产处置、资产管理等业务模式,打造全牌照金融平台;通过引进国际知名投资机构等战略拓展海外投资市场。

二是促进民营企业长链产业和长链金融互动发展。第一,要引导民营企业形成长链产业。要以资源优化配置和产业链为基础,以资产为纽带,围绕产业聚集、转型升级,通过裂变扩张、上市嫁接、合资合作、兼并重组、产业延伸等多种手段和途径,打通企业上下游产业的关系,整合资源,形成产业集聚。第二,要引导企业形成长链金融。在延长产业链的同时将金融服务扩展到整条产业链,为民营大企业大集团建立起相应的信贷金融链条,完成金融业形态从低级到高级的发展,通过金融集聚,逐步实现资本在产业链各个部分的最优配置。第三,要促进长链产业与长链金融互动发展。通过民营大企业大集团的产业集聚和金融集聚,实现资源在产业链上的最优配置,提高生产效率。

三是推动民营大企业集团上市及科学并购融资。第一,积极实施民营企业上市助推计划。加大对扶持培育对象企业上市支持力度,坚持"企业主导、政府推动、市场运作、强化服务"的原则,按照"培育一批、上市一批、储备一批"的基本思路,帮助民营大企业集团按照上市公司要求进行规范化的股份制改造,构建良好的法人治理结构,加快民营企业上市步伐。对在境内主板、中小板、创业板、境外资本市场上市融资的民营企业提供专项补助。第二,支持间接上市和发债融资。支持尚未上市的民营大企业集团实现间接上市,壮大企业规模;有条件的大企业集团公司可以申请发行公司债融资。第三,鼓励民营企业海外并购。建议市政府设立引导型海外并购基金,引导民营企业按照"I-A-I"模式[内部资本市场融资(I)—战略联盟融资(A)—金融创新(I)]开展海外并购业务,并由南通市贸促会(南通国际商会)在"南通对外投资合作促进服务中心"的基础上进一步完善海外投资服务平台,帮助民营企业有效降低海外投资风险。

(三)引导民营企业自主创新,推动企业跨越式发展

一是制定和实施优惠政策措施。市政府应出台《关于发挥财税职能支持南通民营企业创新发展的意见》,通过多方位税收优惠政策增强民营企业创业创新动力;充分运用市场机制,着力打造技术创新交易平台,推动各类技术研发中心参与民营企业的技术创新。同时,理性认识技术创新的市场风险,积极引导民营企业技术创新由"技术驱动"向"市场驱动"转型。通过自主创新战略、战略联盟战略、外部并购战略等实现技术创新,如通过加大科技投入、建设科技平台、培育人才队伍、完善激励机制等提升企业的创新

活力;通过学习国内外先进技术,构建"消化、吸收、再创新"的技术学习新模式,努力弥合企业技术不足,实现企业的跨越式发展。

二是建立和完善民营企业技术创新运行机制。第一,鼓励民营企业建立完善技术开发中心,加强技术开发力量,加快开发具有自主知识产权的技术和主导产品。第二,要积极探索新的技术创新模式。开展多种形式的产学研结合,组织力量对一些重要领域的关键技术难题进行联合攻关,实现技术上的突破和跨越,促进科技成果向现实生产力的转化。第三,要形成有效的技术创新机制。引导民营企业结合分配制度改革,通过技术入股、岗位工资和建立重大奖励项目等多种分配形式,最大限度地发挥技术人员创新潜能和积极性。第四,要引导民营企业既要重视投资新建项目的外延增长,也要重视技术改造的内涵增长,鼓励民营企业加大技术改造投资,应用最新技术加快装备的更新换代。

三是瞄准国际先进水平,推进企业技术创新。第一,依托南通市科协组建科技创新智库,发挥科协人才与平台优势,在信息、能源、材料、生命科学等创新前沿领域,加强对国际先进技术的前瞻研判,为民营企业科技创新提供必要支持。第二,要引导民营企业跟踪国际先进技术,攻克关键技术难题,开发出具有自主知识产权、领先于同行业的核心技术和能够引导市场需求的新产品,提高大企业集团竞争能力和发展后劲。第三,要引导民营企业积极引进消化吸收国内外先进技术或与国内外拥有先进技术的企业合作,尽快缩小与国外先进企业在技术水平上的差距。第四,要引导民营企业坚持引进、培养和使用相结合,建设高素质的技术开发人才队伍。

(四)有效提升民营大企业集团的发展内力

一是培育完整国内价值链。在当前全球经济复苏乏力,经济下行风险增大情况下,深挖内需市场,培育国内价值链,对实现民营企业做大做强有重要战略意义。民营企业、政府、科研院所应深入分析和研究国内不同领域和区域市场的特点,充分认识企业内需市场平台建设的难度和时间跨度,利用各类平台引导企业加深对内需市场的认识。作为主体,民营企业应明确建立国内市场平台的意图、方法、途径和战略步骤,培育和延伸国内产业价值链,通过专注于打造国内竞争优势,逐渐建立和拓展国际竞争力,运用"互联网+"的思维,"金融+"的手段,由低端运营向高端运营迈进。

二是扶持培育知名品牌。第一,要增强民营企业的名牌意识。进一步提高民营企业对名牌价值的认识,鼓励民营企业实施商标和名牌战略,推进标准、质量、品牌、信誉"四位一体"建设。第二,有针对性地做好民营大企业集团的名牌培育工作,加大对企业争创名牌产品的奖励和扶持力度,重点帮助其主要产品和商标争创国家、省级名牌产品、驰名商标。第三,加大南通名牌产品宣传力度,扩大品牌的延伸度,提高品牌知名度,进一步拓展名牌效应。第四,依法保护名牌产品,促进名牌产品评价和保护的法制化。加强执法严厉打击假冒名牌产品的制作、销售等不法行为,为名牌的健康发展创造良好的环境。

三是注重企业家人才建设,增强企业的社会责任。政府要把企业家人才的培养和引进放在人才工作的重要位置。一方面,通过招商引智、本地发展壮大、国企衍生孵化、培训扶持、科技创新为重点,大力实施企业家成长工程,加大企业家引进、扶持、培训力度。另一方面,政府要关心企业家的成长,实实在在地当好他们的后盾。要努力在全社会形成一种"宽容失败、鼓励创新、支持发展"的健康舆论,保护和调动企业做大做强的积极性,营造一种有利于企业家脱颖而出、创新创业、施展才华的良好环境。此外,南通民营大企业要增强社会责任,要切实加强信用管理,建立和完善企业内部信用管理制度。

南通大学江苏长江经济带研究院　冯　俊
[本研究报告为南通市2016年度经济与社会发展重点热点难点课题研究项目(青蓝工程项目RQ1604)的研究成果]

长江经济带绿色发展战略下南通节能环保产业发展的思考

> **摘 要** 绿色发展是长江经济带未来发展的战略指向,是指导长江经济带协调发展的核心思想。发展新兴产业尤其是节能环保产业是新形势下南通工业经济转型升级的战略选择。目前南通节能环保产业的发展,整体发展态势良好,区域特色鲜明,产业布局定位合理,尤其是与中央关于长江经济带绿色发展战略高度契合,发展前景好。当前,南通加快培育发展节能环保产业在实践中依然面临着一些问题,需要着力破解,整体联动,合力推进。

作为极力打造长三角北翼经济中心的南通,既是长江经济带与新海上丝绸之路的主要承载地区,也是陆上丝绸之路经济带的重要延伸地之一,更是沿海开发的新增长极。三大战略的关键区位优势和叠加效应,实现了南通空间区位的历史跃迁,为南通建设成江海交汇的现代化国际港口城市带来了重大机遇。

经过30多年的高速发展,南通的经济总量和质量跃居全国地级市前列。目前,创新驱动发展、经济转型升级成为南通的主旋律,南通正在由轻重兼有的工业城市向工业与贸易相均衡的综合性经济中心转型,不仅会继续成为外资投入的热土,还会成为中国产业资本对外投资的新基地和新侨乡。在新的历史发展阶段,南通继续保持旺盛的发展势头,必须以长江经济带绿色发展战略为指导,全力推进供给侧结构改革,大力发展适合自身的新兴产业尤其是节能环保产业,加快构建区域特色产业体系。

一、发展节能环保产业是实现长江经济带绿色发展的重要任务

习近平总书记于 2016 年 1 月 5 日在重庆召开的"推动长江经济带发展座谈会"上发表重要讲话,明确指出,当前和今后相当长一个时期,要把修复长江生态环境摆在压倒性位置,共抓大保护,不搞大开发。习近平总书记的重要讲话反映出,当前长江经济带正遭遇生态困境,推动长江经济带发展需要走绿色循环低碳发展之路。

以创新驱动促进产业转型升级是长江经济带实现经济提质增效和绿色发展的重要任务。2016 年 3 月 2 日,国家发改委等 3 部委联合发布的《长江经济带创新驱动产业转型升级方案》(以下简称《方案》)明确提出,要全面贯彻落实创新、协调、绿色、开放、共享的发展理念,结合《中国制造 2025》战略,瞄准未来产业竞争制高点,加快发展高端装备制造、新一代信息技术、节能环保、现代生物、新材料、新能源、新能源汽车等战略性新兴产业,着力提升长江经济带技术研发水平,推动产业转型升级和结构调整。其中,在节能环保领域,要重点发展高效节能、资源循环利用、先进环保装备,加大先进节能技术创新和示范,加强节能标准宣传贯彻与实施,提升能源利用效率,发展节能型、高附加值的产品和装备。同时,《方案》还提出,要在节能环保等领域,培育一批具有国际竞争力的本土跨国企业和专精特新的中小企业,形成骨干企业领军、中小企业配套协同发展的良好产业生态体系,培育十大新兴产业集群;并提出,要以江苏、上海、重庆为核心发展先进节能环保技术研发及环保服务业,加快发展节能环保产业集群。

由此可见,长江经济带以及江苏的节能环保产业将迎来大发展的黄金期。南通应积极谋划、顺势而为,发挥比较优势,推动节能环保产业加快发展,不断提升自身在长江经济带现代产业走廊构建中的作用和地位。

二、南通节能环保产业发展的现状

近些年来,南通在加快传统产业改造升级的同时注重发展新兴产业,在

某些关键领域取得一些进展和突破,使工业经济的综合竞争力显著提高。根据国家和江苏新兴产业划分情况,结合南通经济发展实际,目前全市工业着力打造的新兴产业是新能源、新材料、海洋工程装备、生物技术及医药、智能装备及传感、节能环保等6大产业。

在节能环保产业领域,经过多年发展,南通的节能环保型锅炉、风机、空气源、地源热泵等节能装备、污染防治装备、防腐设备、环保药剂、环境监测仪器仪表等环保装备制造以及资源综合利用等节能环保服务产业具备了一定基础。全市资源综合利用工业固废量达300万吨、综合利用率达98%以上;回收利用废旧轮胎橡胶具备15万吨能力,已成为全国最大的废旧轮胎回收再利用基地。目前,全市共有节能环保规模以上企业200多家,其中亿元企业30多家。综观目前南通节能环保产业,区域特色鲜明,发展态势良好,为策应国家战略提供了坚实的条件和保障。

(一)产业集聚初具规模

南通市节能环保与智能装备产业基地位于通富路以东、通吕运河以南、东快速路以西、人民东路以北,面积3.85平方千米,已落户致力于高科技环保节能型锅炉开发生产的万达锅炉公司、生产大型工业鼓风机、节能离心风机的金通灵风机公司等企业55家,年度实现销售收入38亿元。其中,崇川区产业基地工业基础初具规模,形成了以节能环保装备产业为特色的产业体系,江苏金通灵风机有限公司、南通万达锅炉有限公司等7家企业被认定为江苏省高新技术企业。产业园内已有江苏省高新技术创业服务中心1家,市级科技企业孵化器1家。拥有总面积超过30万平方米的科技加速器。企业在产业链上具有紧密的传承性,形成了从孵化器到加速器再到产业化的完整体系。实施省级以上科技计划项目11项,市级科技计划项目32项,共争取市级以上科技经费3 571.5万元;累计拥有专利385项,其中发明专利31项。围绕国内外两个市场,提高研发能力,加大科技投入,建有省级院士工作站1家、省级和市级工程技术研究中心15家、博士后科研工作站1家,对全区高新技术及产品的研究开发和引进创新发挥了重要作用。

(二)重点企业作用突出

南通的节能环保产业已涌现出一批生产规模大、竞争实力强的龙头骨干企业。如南通万达锅炉股份有限公司是以原南通锅炉厂为主体组建的民营股份制企业,始建于1958年,是原机械工业部锅炉生产的重点骨干企业之一,国家二级企业。公司持有"A"级锅炉生产许可证和一、二类压力容器设计、制造许可证,获得ASME"S"钢印证书,通过ISO9001质量体系认证,可生产各种锅炉及一、二类压力容器等产品。公司主要致力于高科技环保节能型锅炉的开发。至2014年公司有工程技术人员达268名(其中工程类高级工程师39名),工业总产值达57 179万元,应税销售收入57 525万元,研发投入2 282万元,2011—2015年拥有发明专利5件。与浙江大学热能工程研究所联合成立了"浙江大学万达锅炉能源与环保技术研究发展中心""江苏省企业院士工作站",并在此基础上批准设立了"江苏省节能环保锅炉工程技术研究中心"。

(三)技术水平不断提升

由于近年来南通注重引导和支持企业提高自主创新能力和技术装备水平,使一些新兴产业的技术水平得到了快速提升,在同行业内具有较强的竞争优势。南通万达锅炉股份有限公司形成了以市场为导向、产品为纽带、产学研相结合的技术创新体系,先后合作开发了一系列具有国内领先水平的城市生活垃圾焚烧发电锅炉、水煤浆锅炉、生物质锅炉、循环流化床锅炉、余热发电锅炉、大型集中供热锅炉等产品,在市场中得到了良好的评价。林洋新能源生产的光伏电池及组件质量均达到国际同类产品的先进水平,其太阳能电池Solarfum品牌已成为国际光伏行业知名品牌;强生光电非晶硅薄膜电池的转换效率全国同行业内领先;九鼎生产的风机性能稳定、可利用小时高,在同类产品中保持了领先水平;宏德机电生产的风机球墨铸件多年来一直为丹麦维斯塔斯直接供货,产品质量数国际一流。

综上所述,南通的节能环保产业已有了良好的起步,为下一步快速发展奠定了一定基础。但是规模偏小、企业分散的现象仍然较为突出,同时也存在产业结构不够优、自主创新能力不够强、可持续发展水平不够高等问题。

当前,南通经济仍经受着后金融危机冲击的严峻挑战,面临着产业调整和产业升级的重大机遇,无论从国内外经济发展的大环境来分析,还是从南通自身发展的要求来看,加快推进转型升级,全面提升经济素质,均显得极为重要和迫切。新形势下,节能环保产业是经济的新增长点之一。

三、南通节能环保产业策应国家战略的对策建议

节能环保产业是新兴产业之一。环保产业成长性强,就业机会多,市场机会大,是世界主要经济体新一轮产业发展的重点。国际金融危机发生后,各国政府纷纷加大新能源、节能环保等战略领域的投入。发展节能环保产业符合全球经济发展的整体趋向,同时也符合我国的基本国情。长江经济带绿色发展战略上升为国家战略,南通处于新的发展阶段和经济转型升级的关键时期,传统特色产业改造提升固然十分重要,但能否发现培育和加快发展节能环保等若干新兴产业,形成新的产业竞争优势,将决定南通未来产业层次、在国际产业分工格局和全国的战略地位。

(一)指导思想

全面贯彻落实"创新、协调、绿色、开放、共享"五大发展理念,深入推进实施创新驱动发展战略,策应长江经济带产业向中高端水平迈进的战略布局,从行业发展潜力、带动效应、技术进步和创新能力、可持续发展能力等方面出发,结合未来技术革命和消费需求发展趋势,立足南通特色优势和现实基础条件,以创新为动力,调整产业存量,做优产业增量,加强区域协同,依托科技创新、制度创新双轮驱动,构建全方位节能环保产业创新发展体系,掌握一批节能环保产业的核心技术和产品,实施一批技术水平国内领先国际先进的创新成果产业化项目,培育一批拥有自主知识产权、具有国际竞争力的领军企业,努力把南通打造成为在江苏乃至全国具有一定区域特色和较强竞争力的节能环保产业基地。

(二)重点任务

南通节能环保产业重点任务体现在"三大驱动":

一是产业链驱动。推动节能环保产业向价值链高端攀升,重点突破一

批关键技术,发展一批自主品牌产品,加快推进节能装备产品、水污染防治装备、大气污染防治装备、环境监测仪器、环保材料和药剂等环保产品的高端化。

二是集成化驱动。以加快推进节能环保产业的规模化发展,着力打造节能环保热交换装备、节能环保风机、节能型输变电装备、太阳能热水器、资源综合利用、环保产业装备等具有区域特色的产业集群。重点发展高效节能、先进环保和资源循环利用的新装备,加大先进节能技术创新和示范,加强节能标准宣传贯彻与实施,提升能源利用效率,发展节能型、高附加值的产品和装备。

三是协同化驱动。以实现节能环保产业由制造为主向制造与服务业互动并进转变,大力发展工程承包、设施运营、技术咨询和信息服务、合同能源管理、成果转化、物流配送和人才培训。在节能服务业上,培育和发展节能服务机构,大力推行合同能源管理,做强环境工程承包服务,做优环保设施运营服务,积极推进污染治理市场化。

(三) 具体举措

1. 科学定位,合理统筹规划

规划是产业发展的战略导向,必须对节能环保产业发展进行统筹规划,做好产业定位,加强规划引导。要根据《长江经济带创新驱动产业转型升级方案》,立足南通自身实际,科学制订节能环保产业发展方案,全面加强对方案实施的组织领导,研究支持长江经济带创新驱动节能环保产业转型升级的具体措施,在有关重大改革、规划编制、政策实施、项目安排、体制创新等方面给予积极支持。

一是做好规划衔接。既要注重上下衔接,服从服务于全国全省的规划要求,又要注重横向衔接和与重点企业对接,高度重视区域间统筹规划和协调发展,避免盲目低水平投资建设等问题。

二是引导产业集聚发展。立足南通实际,科学确定区域功能定位,引导企业向园区集中,优化空间布局,促进产业集聚和规模发展,加快培育一批龙头型企业,努力打造分工明确、重点突出、差别发展、板块联动的节能环保

产业体系。在现有基础上,布局一批战略性新兴产业集聚区、高新技术产业化基地、新型工业化产业示范基地和创新型产业集群,打造区域性节能环保产业集群。培育一批具有国内竞争力的本土企业和专精特新的中小企业,形成骨干企业领军、中小企业配套协同发展的良好产业生态体系。

三是强化规划实施效应。以科学的规划引导新兴产业发展,按照规划的要求,编制并发布节能环保产业发展导向目录,制订年度实施计划和详细工作方案,对目标任务进行分解落实。

四是推动产业协同发展。以产业链为整体,加强产业互动,推进区域协同发展。发挥南通自身优势,推动建立科学合理、分工协作的产业布局。结合重大生产力布局规划、主体功能区定位,坚持政府引导和市场机制相结合、产业转移与升级相结合、优势互补与互利共赢相结合、资源开发与生态保护相结合,创新园区合作管理模式和运作机制。

2. 自主创新,提升技术含量

节能环保产业的竞争,核心是关键技术的竞争。针对南通节能环保产业技术集成能力比较薄弱、关键核心技术和装备主要依赖进口的现状,加快培育发展节能环保产业必须加强产业技术集成创新,提高自主创新能力。

一是突破一批产业关键核心技术。按照重点突破、跨越发展、掌握核心技术的原则,组织实施"南通市节能环保产业关键技术攻关计划",在节能环保重点领域,突破节能环保产业发展规划纲要所明确重点发展的关键技术,加快节能环保产业的产业化进程。

二是引导企业加强对引进技术的消化吸收和再创新。在新项目落地的同时,要求企业建立相应的国家级、省级、市级科技研发平台和工程技术研究中心,形成更为完善的以企业为主体、以资本为纽带、以市场为导向、以应用为重点、产学研用紧密结合的创新机制。鼓励支持企业瞄准国家重点大学、重点科研院所以及部分军民结合研究机构,加大与其合作力度,发挥高等院校和科研院所的人才、技术优势,加强装备制造业共性关键技术攻关开发,提高重大技术装备、高技术装备设计、制造和系统成套水平能力,并通过开展国际合作、并购、参股国外先进的研发、制造企业等方式掌握核心技术。

三是搭建科技成果转化新平台。支持骨干企业联合高校、科研机构、行业协会组建产业技术创新战略联盟,共建科技成果产业化试验平台,面向产业需求开展中试和技术熟化,加快新技术、新工艺、新产品的示范应用。探索建立节能环保产业技术交易网络平台、技术转移中心和知识产权交易中心。完善创新成果转化资金保障机制,加强科技成果转化引导基金、新兴产业创业投资基金联动,引导金融和社会资本投资区域创新创业。开展节能环保产业专利导航试点,制定知识产权布局导向目录,引导产业创新方向和专利战略布局。深化科技成果使用、处置和收益权改革,为创新成果转化营造良好的外部环境。

四是加快发展相关生产服务业。推进节能环保产业重点领域服务体系建设,重点关注产品标准化技术研究服务、安全质量标准化技术研究服务、行业关键共性技术研究推广机构的培育。鼓励节能环保产业推广应用型服务机构的建设。

五是吸引高层次人才创新创业。通过设立科技创新平台、开展合作教育、共同实施重大项目等联合培养方式,构建节能环保产业创新型人才培养模式,集聚高层次人才和创新团队。鼓励高校、科研院所科技人员兼职参与节能环保产业发展工作。对节能环保产业重大技术研制、开发、使用和推广做出突出贡献人员,给予表彰和奖励。

3. 政府引导,加大政策扶持

节能环保产业具有良好的发展前景,但是不确定性与市场风险大,政府需要提供相应的扶持政策来推动节能环保产业的发展。节能环保产业往往都正处于成长阶段,必须在全面落实国家、省已出台相关节能环保产业发展优惠政策的基础上,制定和完善市、县两级扶持节能环保产业发展的政策举措。

一是建立专项产业发展基金。围绕人才开发、科技创新、技术改造、土地使用、金融信贷、资产整合、招商引资等方面给予扶持,重点用于园区建设、重点企业、重点项目、重点产品的发展。

二是加大政策倾斜扶持力度。进一步提高节能环保产业项目的财政补助资金标准，进一步提高关键技术和关键产品开发奖励力度，在项目用地上给予优先安排、高新技术企业优先认定、政府采购优先购买，市级重大新能源应用项目、节能环保工程、信息基础设施建设招投标过程中，给予相关设备制造和服务企业一定倾斜。

三是注重加强节能环保产业市场培育。鼓励开拓节能环保产业应用新产品市场，比照首台（套）设备政策，将节能环保产业的新产品纳入政府采购优先目录，并对采用新产品的项目给予贴息或补助。同时，支持节能环保产品出口，鼓励有实力的企业以购并、合资合作和租赁等方式开拓境外市场。

4. 多管齐下，规范运行机制

由于节能环保产业发展的初始阶段往往处在技术突破和产业化的关键时期，单纯依靠企业的努力是远远不够的，必须政企合力，多管齐下。而政府作用的关键是要在建立发现和培育机制上下功夫，形成推进节能环保产业发展的具有前瞻性、系统化、集成化的强力机制。

一是建立协调机制。建议成立由市领导挂帅的节能环保产业发展领导小组，实行统一协调，部门联动，政企互动，形成推进节能环保产业快速发展的合力。加强统筹协调，形成工作协调机制，加强对节能环保产业发展的规划、组织、协调。建立政府、企业、金融机构联动机制，引导各类金融机构紧密结合战略规划、产业政策以及区域发展实际，创新金融服务，进一步优化信贷结构，充分发挥金融支持实体经济发展的独特优势。加强督促检查，探索将节能环保产业转型升级纳入政府绩效考核，建立常态化第三方机构评估、企业调查和社会公开评价制度，动态调整优化各项政策措施。

二是推动改革创新。进一步加大简政放权工作力度，精简审批事项，规范中介服务，清理废除妨碍创新创业发展的制度规定，实行企业投资项目网上并联审批。在重要领域和关键环节开展创新驱动改革试验示范。

三是提高服务水平。研究设立南通市节能环保产业发展专家咨询委员会，及时了解、掌握和研究全市节能环保产业发展中出现的新情况、新问题，定期就节能环保产业发展提出咨询意见，引导各地及结合自身产业优势发展节能环保产业。加强形势分析监测，推动专业服务机构建设，提供政策、市场、法律、境外投资等方面的信息服务。完善公共投资、市场准入相关规定与程序，优化管制流程，提高社会化服务审批效率。

四是完善制度建设。完善统计监测制度，确保节能环保产业有序快速发展。推动建立统一要素市场，打破地区封锁和行业垄断，推动劳动力、资本、技术等要素跨区域流动和优化配置。实行差异化产业政策，引导产业升级与转移，强化负面清单管理，建立和完善环境保护约束和利益补偿机制。完善市场退出机制，淘汰落后产能，倒逼无竞争力或达不到强制性标准的企业退出市场。

5. 破解风险，着力投资融资

节能环保产业的高投入、高风险特征十分突出，需要强有力、系统性、多元化的投融资体制。

一是探索创立节能环保产业风险投资基金。统筹研究设立产业投资基金、创业投资基金，通过政府投资引导撬动社会资金。整合现有资金渠道，在信息基础设施建设、科技成果转化、新兴产业发展、传统产业改造升级、跨区域重大工程、骨干企业等方面加大支持力度。在发挥政府资金的引导作用之外，要加快风险投资体系建设，探索建立风险投资机构，吸引一批境内外著名风险投资基金来南通拓展风险投资业务。鼓励企业或个人等各类民间资本参与组建风险投资机构，完善风险投资退出机制。

二是鼓励和支持有条件的企业上市融资。国内外成功经验表明，节能环保产业发展中企业成长与发展的有效途径之一是企业上市。新能源产业中的"尚德"、网络经济中的"新浪"、电子商务产业中的"阿里巴巴"等一大批创业企业都是通过企业上市融资获得巨大的发展机遇的。立足南通实际，要巩固企业上市工作成果，挑选节能环保产业中成长性好的企业，精心做好企业上市的组织、协调与沟通工作。尽可能将更多符合条件的企业推荐上市，使证券市场成为南通节能环保产业发展的助推器。

三是多渠道加强金融服务支撑。建立适应节能环保产业特点的信贷体系和保险、担保联动机制，促进知识产权质押贷款等金融创新。鼓励民资与外商投资节能环保产业。探索为企业创新活动提供相关股权和债券相结合的融资试点服务,开展知识产权质押融资市场化风险补偿机制试点工作。

6. 加快建设,强化载体效应

项目、企业、园区是产业发展的主要载体。发展节能环保产业必须十分注重其重大项目、领军企业和集聚平台的建设。

一是加大项目建设推进力度。建立节能环保产业重大项目库,认真谋划、储备一批重大战略性节能环保产业项目。加强项目前期工作力度,按照动态管理、滚动实施的原则,完善重大项目准入和淘汰机制,确保重大项目及时有效跟进。加强与央企、科技部门的合作,积极争取国家重大战略性节能环保产业项目在南通布局和落地。

二是培育一批创新型企业。按照拥有关键技术、自主知识产权、自主品牌和具有较强研究开发能力的标准和条件,抓好创新型试点企业,使之成为南通节能环保产业发展的重点企业和骨干企业。

三是加快园区和基地建设。节能环保产业园区建设有利于通过地方产业集聚扩大资源配置规模,提高资源配置效率,同时能够形成地方经济发展中的新的主导产业以及新的经济增长源。要依托南通经济技术区和各个省级开发区,通过设立"区中园",促进节能环保产业的集聚发展。

四是推动产业技术创新平台建设。支持建设一批地方与企业联合创新平台,推动建立节能环保产业研究院,建设和完善一批面向节能环保企业的公共技术服务平台。着力实施节能环保企业十强工程试点,全面提升节能环保骨干企业的创新能力和创新动力。

南通大学党委宣传部　孙　泊

(本研究报告为南通大学江苏沿海沿江研究院2013年资助项目"南通节能环保产业发展研究"的研究成果)

"一带一路"倡议背景下启东开放型经济发展研究

摘　要　建设丝绸之路经济带和21世纪海上丝绸之路,是党中央主动应对全球形势深刻变化,从全局和战略高度做出的重大决策,是我国实施新一轮扩大开放的重要举措。启东作为开放型经济比较发达的沿海开放城市,地处"一带一路"、长江经济带、江苏沿海开发等国家战略的叠加点和交汇点,应抢抓机遇,主动对接"一带一路"倡议,着力打造"一堡三地"即国家战略互联互通双向开放的桥头堡、全面融入上海的新天地、江苏沿海开发的主阵地和长三角北翼开放型经济发展的新高地。本文从启东开放型经济的发展现状入手,通过分析把握"一带一路"的时代背景、深刻内涵和战略意义,探讨启东在"一带一路"倡议背景下应如何依托区位优势,发挥外资、外贸、外经、外包的基础和先导作用,扩大与"一带一路"沿线国家或地区的贸易、投资与合作交流,进而有效提升开放型经济的发展层次与水平,实现开放型经济的跨越式发展。

一、启东开放型经济发展现状

(一)近三年启东开放型经济指标情况

笔者选取了2013—2015年启东开放型经济的主要指标数据,包括利用外资方面(外国投资管理)、对外贸易方面(对外经济贸易)、外经方面(对外投资和经济合作)和外包方面(国际服务外包)。

表1 2013—2015年启东开放型经济的主要指标数据

主要指标	2013年	2014年	2015年
1. 利用外资			
新批外资项目(个)	49	26	39
工商登记注册外资(万美元)	47 348	54 173	73 118
实际利用外资(万美元)	25 357	5 522	13 725
2. 对外贸易			
进出口总额(万美元)	323 330	307 209	306 690
出口额(万美元)	265 069	230 497	248 139
进口额(万美元)	58 261	76 712	58 552
3. 外经合作			
对外承包劳务合同额(万美元)	29 167	18 338	3 163
对外承包劳务营业额(万美元)	41 539	45 835	36 222
对外投资中方协议投资额(万美元)	4 000	8 786	9 793
4. 服务外包			
合同额(万美元)	895	1 307	3 929
执行额(万美元)	702	1 058	2 017

(二)启东"十二五"期间开放型经济发展现状及特点

1. 对外贸易稳步增长

"十二五"期间,启东市引导和推动企业开拓国际市场,深度开发日本、美国等传统市场,有重点地开拓东南亚、非洲、东欧等新兴市场,逐步改善外贸市场结构,取得了一定成效。截止到2015年年底,全市累计实现进出口总额138.91亿美元,年均增长8%,其中出口107.08亿美元,年均增长9.2%;2013、2014和2015年度,全市进出口总额均突破30亿美元。

重点外贸企业支撑作用明显。2015年,全市有进出口实绩企业336家,其中超千万美元企业30家,超5 000万美元企业8家,全市前35家超千万美元企业累计实现进出口总额26.5亿美元,占全市总额的86.4%。

出口产品结构逐步优化。机电产品、高新技术产品出口贡献份额明显加大。2015年,全市机电产品、高新技术产品实现出口分别达22.51亿美元、1.11亿美元,分别占全市总额的73.4%、35.9%。

出口市场布局更趋合理。我市外贸企业已经与125家国家和地区有贸易往来,其中对亚洲地区出口占全市总额62.8%、欧洲占18.3%、北美洲占6.8%、非洲、大洋洲分别占2.6%、3.3%。

2. 利用外资量质齐升

截至2015年年底,启东共计新批外商投资企业168家,累计新增工商登记注册外资29.36亿美元,实际利用外资10.67亿美元,年均实际利用外资2.13亿美元。

重大外资项目引进取得新突破。2011年以来,启东全市累计引进总投资超千万美元项目72个,其中3000万美元以上项目10个。增资扩股成为启东市利用外资的重要支柱。2011年以来,共有62家企业增资扩股,实际利用外资7.25亿美元,占全市总额的68.4%。

3. 外经合作步伐加快

"十二五"以来,启东市加快实施"走出去"战略,鼓励支持优势企业加大境外投资,中信建设集团连续三年荣获"省建筑外经十强企业"称号,2013年度全球最大250家国际承包商(第199位)。国内500强企业、江苏建筑百强企业南通二建集团成功获批对外承包工程经营权,进一步提升了启东建筑外经合作的影响力。

截至2015年年底,全市累计实现境外投资中方协议投资总额2.39亿美元,年均增长230%;实现承包劳务合同额6.11亿美元,年均增长130%;实现承包劳务营业额18.6亿美元,年均增长92%。其中,2015年江苏银投投资有限公司在澳大利亚的房地产开发项目,中方协议投资额达8000万美元,为启东首个大体量境外投资项目。

4. 服务外包起步发展

"十二五"期间,启东出台了服务外包扶持政策,全市服务外包发展强劲。截至2015年年底,全市经认定的服务外包企业达25家,累计新签服务外包业务合同额3.89亿元,服务外包执行额2.8亿元。先科药业、布洛思生物科技、瑞帆节能科技等一批服务外包企业得到确认,艾维特智慧数据科技、尚华医药等服务外包企业落户启东。

二、启东开放型经济存在的问题及面临的挑战

(1)"十二五"期间,启东市开放型经济保持了良好的发展态势,但与先进地区相比还存在较大差距和问题。主要表现在:

一是对外贸易结构还不合理,抗风险能力有待进一步增强。全市对外贸易以加工贸易为主,具有自主品牌、自主知识产权的产业、企业还不多,国际市场竞争力和抗风险能力还不强。

二是利用外资总量还偏小、对地方经济的拉动作用有待进一步提升。启东的利用外资主要集中在制造业,以低端加工和组装为主,制造业的高端环节利用外资占比较弱,技术引进、消化、吸收再创新的能力还不够。

三是"走出去"步伐还不快,外经合作的层次和水平有待提高。外经合作还处于低水平的劳务输出和建筑企业的对外承包工程,相对有比较优势的电动工具、纺织服装、机械制造等行业的工业企业"走出去"开展境外投资的企业较少,企业开展境外投资和外经合作的能力还尤显不足。

四是服务外包产业基础还比较薄弱。近年来,服务外包企业数量偏少、合同额和执行额规模较小等问题还未得到根本改变,产业基础较为薄弱,与昆山等周边城市相比,还存在较大的差距。

(2)"十三五"时期,经济结构调整阵痛将更为突出,深度转型带来的增长压力、矛盾凸显将更加明显。

一是新兴产业发展过慢带来的增长后劲不足的问题将更为突出。近年来,启东经济发展速度居全省前列,但本土新兴制造业、高新技术产业、现代服务业等培育却相对过慢,造成更新接替能力不足。

二是民营经济创新动力不足的问题将依然明显。近年来,启东一直较强的电动工具等民营经济仍然有一定发展,但其产品低端、企业弱小的弊端开始显现,转型升级压力尤为紧迫。支撑民营经济加快转型发展的创新支

撑准备却明显不足。

三是投资、消费放缓使得经济的动力有所减弱。投资因制造业产能过剩及创新技术相对不足等因素而难以长期维持高速增长,投资效果系数及投资回报率都在降低。启东社会消费品零售总额一直稳定增长,但总体增速近些年呈环比下降趋势,从2011年的同比增长17%降到了2015年的10%。

三、"一带一路"为启东开放型经济发展提供了新的机遇

(一)开放发展机遇

启东具有滨江临海、紧靠上海的区位交通优势。崇启大桥的建成通车,使启东全面融入上海一小时经济圈;"十三五"期间,北沿江高铁的立项开建,将使启东融入上海半小时经济圈。这为启东在"一带一路"倡议背景下,发展开放型经济提供了千载难逢的机遇。

(二)国家战略叠加机遇

启东地处"一带一路"、长江经济带、长三角一体化、上海自贸区、江苏沿海开发等多重国家战略叠加的结合点,这些独特优势都为启东对接"一带一路"倡议提供了经济开放性历史机遇。

(三)融合发展机遇

启东在接轨上海、服务上海、融入上海的同时,正努力成为南通建设上海北大门的"门柱子",加强与上海的产业对接与融合发展。在与日韩、东南亚等国家经贸合作的基础上,可推动与丝绸之路经济带沿线地区和国家的产业合作。

(四)放大产业优势机遇

可发挥特色产业优势,如电动工具、海洋渔业、新能源光伏、建筑业等,在这些特色产业合作上下功夫,建设面向沿线国家和地区的电动工具出口基地、海洋渔业产品基地等。在扩大建筑业海外工程承包的基础上,支持其他优势产业走出去。同时注重把"一带一路"经济带有关特色产业引进来,形成优势互补的产业合作新格局。

四、"一带一路"背景下,启东开放型经济发展的对策建议

"十三五"时期,启东将以国家大力实施"一带一路"倡议为契机,突出江海联动、陆海统筹,围绕把启东建设成为国家战略互联互通双向开放的桥头堡、全面融入上海的新天地、江苏沿海开发的主阵地和长三角北翼开放型经济发展新高地的"一堡三地"工作目标,深入实施"领跑沿海、融入上海、包容四海"的发展战略,加快形成引领经济发展新常态的体制机制和发展方式,努力开创启东开放型经济发展新局面。

(一)构建接轨"一带一路"倡议的开放型经济政策体系

在制定主体上,要建立政府主导、部门协同配合、社会力量共同参与的机制,适应"一带一路"背景下开放型经济发展的需要。在政策设计上,要体现供给侧改革的本质特征,适应经济新常态的需要,实现创新驱动、速度和质量效益的统一。

一是研究设立启东综合保税区。研究保税区设立的可行性和必要性,尽早启动保税区申报工作。借鉴张家港保税区等长三角保税区的先进做法,复制推广上海自贸区的经验,为启东保税区设立提供理论基础和实践支撑。研究上海自贸区政策,加强与上海在国际物流通道建设、海关区域通关一体化等领域的合作,做好配套政策的规划与设计。

二是建立健全新兴产业发展政策。"十三五"时期,研究制定基于下一代互联网、云计算技术、虚拟现实技术、人工智能、可穿戴设备等战略新兴产业的产业扶持政策,研究制定大力发展跨境电子商务、互联网金融、大数据等产业的政策及举措。

三是完善贸易政策。研究制定促进外贸稳定增长、扩大出口的新政策,研究改进企业反映强烈的进出口环节收费、贸易便利化、融资难融资贵等问题。研究优化关税结构、加大信贷支持力度,扩大先进技术、设备、生产服务进口政策,推动进口便利化,探索创新进口新模式,培育进出口促进平台。完善贸易、产业、财税、金融、知识产权政策,培育一批能够对接"一带一路"倡议的外贸综合服务企业。

四是完善投资政策。坚持"引进来"和"走出去"并重的原则,减少行政审批环节,创造更加宽松便利的环境。利用好外资市场,着力做好引进"一带一路"沿线发达国家跨国公司的高技术含量、高附加值产业项目。研究制定"走出去"促进政策,使启东制造业走向"一带一路"沿线国家和地区,并向高附加值领域拓展。推进境外经贸合作区战略布局,扩大与"一带一路"沿线的重点国家、地区投资合作。

(二)充分利用国际市场,接轨国家"一带一路"倡议

要实现开放型经济的跨越发展,必须要充分利用国际市场和国际资源,提升对外开放的层次和水平。

一是不断完善政府服务平台。建立健全境外资源要素利用的政府服务机制和平台。建立以政府服务为基础、中介机构和企业充分参与的信息平台,针对"一带一路"沿线国家和地区,进行资源分布、国家投资政策、投资环境等信息的收集、分析判断及推送。

二是培育境外投资咨询中介机构。鼓励和支持建立专业性的境外资源投资评估和咨询中介机构,充分利用海外有关协会、商会及驻外使领馆咨询作用,多层面、多渠道地向企业提供"一带一路"沿线国家和地区的投资信息,帮助企业规避海外投资风险。在"一带一路"沿线重点国别地区设立风险预警点,建立完善境外投资风险预警和援助机制。完善境外经贸纠纷和突发事件处置工作机制,引导和帮助企业利用国际经贸规则及双边投资协定维护企业合法权益。

三是加快对外经济合作步伐。鼓励企业加快在"一带一路"沿线国家布局和集聚发展,带动纺织、电动工具、化工等启东优势产业走出去,提升企业国际竞争力。鼓励林洋能源、三信服装辅料、好收成农化在"一带一路"沿线设立生产基地、研发中心。鼓励通过跨国并购、参股、收购境外品牌和销售网络等方式获取品牌、技术、研发能力和营销渠道,向产业链中上端发展。支持林洋电子在收购立陶宛ELGAMA电子后做大做强规模。推动中信、南通二建、启东建筑集团、南通启益等对外承包工程企业,大力拓展泰国、马来西亚、新加坡、以色列、沙特阿拉伯等"一带一路"沿线市场,提高承揽国际工

程项目的竞争力。

（三）融入"一带一路"建设，构建江海联动开发新格局

按照启东市第十二次党代会报告精神，以加快建设"四个城市"、打造"一堡三地"为目标定位，突出江海联动、陆海统筹，积极抢抓"一带一路"倡议重大机遇，大力拓展开发开放新空间。

一是以吕四港为龙头、临港产业为核心、吕四港镇为依托，推动港产城融合发展。依托港口优势，加快建设上海国际航运中心北翼第一海港。主动对接"一带一路"；以打造长三角北翼开放型经济新高地为目标导向，加快构建"以汇龙镇为中心、寅阳镇和吕四港镇为副中心"的城市结构，发挥"一带一路"和长江经济带交汇点城市的承载、传导、辐射作用。

二是以启东经济开发区、吕四港开发区为支点，构建江海联动开发开放新局面。两大省级开发区是启东对接"一带一路"的战略基础，江海联动不仅是启东市域内的联动，也是代表启东面向"一带一路"和长江经济带的联动。按照国家、省和南通市确定的目标，重点做好战略规划、专项规划修编，加快产业集聚，推进沿海沿江互动开发，尽快形成示范带动效应。

三是深入推进陆海统筹，大力拓展对内对外开放新空间。放大区位、江海资源、"三优三新"产业集群和八大园区平台优势，向西溯江而上与武汉等长江中上游城市联动发展，东进出海加强与东亚东盟合作交流，借力上海深度融入"一带一路"开放体系。积极推动优势产业"走出去"，扩大与"一带一路"沿线国家、地区和城市的合作。

（四）实施园区提升工程，打造开放型经济新高地

目前启东园区开放型经济层级不高，省级开发区、特色产业集聚区、旅游度假区，相互协调不够。因此需要在提升园区承载能力、打造平台上多发力。

一是大力提升园区承载能级。加快推进启东开发区、高新区提档升级，加快各类生产性平台建设及配套功能建设，全面提高产业承载能力和园区发展水平。积极引进"一带一路"沿线发达国家跨国公司的高附加值项目，引进新加坡知名港口集团、临港产业龙头企业，探索以资本为纽带的港港、港企合作模式,参与港口开发建设。推进吕四港开发开放。

二是着力构建境内开放平台。抓住启东港已成为国家一类开放口岸这一契机,有针对性地整合提升,争取设立一个能够承接上海自贸区溢出效应的综合保税区,成为贸易自由化、便利化程度较高的开放型经济发展平台。从而使其更好发挥国际化、接轨国家"一带一路"倡议的重要作用。

三是积极创建境外开发平台。在"一带一路"沿线国家设立或合作开发境外工业园区,可作为启东企业"走出去"的目标方向,组织启东企业组团进入境外园区、抱团发展。以林洋能源在新加坡投资 5 000 万美元的研发科技贸易项目为依托,建立东南亚海外研发贸易基地。支持启东优势企业加大境外投资力度,设立境外产业集聚区。以林洋电子收购 ELGAMA 电子为契机,在立陶宛建立优势产业境外加工基地。

四是不断强化品牌活动战略。依托中国电动工具第一展——启东天汾科技五金交易会等国内活动平台,在继续重视广交会、华交会、投洽会等全国性投资贸易活动平台的同时,可在"一带一路"沿线国家建立海外推广平台,以电动工具跨境电商产业园、海外仓基地等模式,扩大启东优势产品在海外的品牌影响力。

(五)实施外贸转型工程,提高企业国际竞争力

充分发挥启东作为一类开放口岸的功能和作用,瞄准"一带一路"沿线国家及地区,突出吕四港开发开放的重点,大力发展跨境电子商务,力争在粮油、油气、冷链物流等大宗商品进出口方面取得重大突破。

一是做大龙头企业。发挥国家、省市各类外贸激励政策杠杆作用,引导外贸大户开拓"一带一路"沿线国家的市场,壮大出口队伍规模,形成进出口超 10 亿美元企业(中远海工、韩华新能源、华峰超纤、广汇能源、东凌粮油等 5 家)航母引领、超亿美元企业(胜狮能源装备、太平洋海工、华滋海工、好收成农药等 4 家)骨干支撑、超千万美元企业(皇室食品、东成工具、海四达化学等 20 家)集聚集群的外贸梯度发展格局。做大海工船舶板块,做强新能源及光电板块,做优医药化工板块,做实电动工具板块,形成"四大外贸优势板块"同步发展的良好局面,至 2020 年四大出口产业占全市出口总额的比

重达90%以上。

二是做强自主品牌。建立完善出口产品品牌培育机制,鼓励外贸企业加大科技兴贸力度,注重"一带一路"沿线市场的知识产权和自主品牌建设,提高高附加值产品出口比重,推动全市外贸产品优化结构、提升档次。重点培育中远、太平洋、胜狮、昂彼特堡、海四达等企业进入"江苏省重点培育和发展的国际知名品牌"名单,扩大启东品牌在"一带一路"沿线国家和地区的市场占有率。

三是做优出口基地。充分发挥启东省级电动工具出口基地的示范、辐射、带动作用,推行"跨境电商+海外仓"模式,在"一带一路"沿线国家建立电动工具产品海外仓基地,完善政策配套,推动电动工具特色产业加快转型升级,把产业优势转化为海外市场竞争优势。同时,以中远海工、中集安瑞科、宏强船舶等沿江海工船舶企业外贸加快发展为契机,做大做强省级海工装备出口基地,壮大启东海工船舶产业在"一带一路"沿线市场的贸易规模,为全市外贸可持续发展奠定基础。

(六)实施招商突破工程,提升利用外资质量和水平

按照《启东市重大项目建设"双十"三年行动计划2016—2018》对产业链招商的相关要求,进一步创新招商方式,聚焦重大外资项目,全力打造"三优三新"产业集群,不断提高启东利用外资的质量和水平。

一是加大对"一带一路"重点区域的招商力度。把东南亚、中东欧等地作为重点招商区域,开展高频率、多层次的海外招商推介和专题招商活动。抢抓上海建设"四个中心"和自由贸易试验区的机遇,融入上海大都市圈,加强与"一带一路"沿线发达国家、地区、城市之间的经贸交流,加大对新加坡、中东欧等地区跨国公司和先进制造业项目的对接和招商力度,吸引来启设立区域总部和产业基地。

二是进一步加强境外招商队伍建设。针对启东目前境外招商队伍比较薄弱的现状,需要组建一支具有国际视野、海外经历的专业化境外招商队伍,可在新加坡、以色列等"一带一路"发达国家或重要节点城市开展专业化、精细化驻点招商。要从知识结构、从业经历等方面入手,合理选聘境外

招商人员,打造综合素质过硬的招商队伍,招商人员可从海外留学归国人员、世界500强或跨国公司员工中选聘。

三是进一步创新境外招商方式。在"一带一路"沿线国家的重点城市进行驻点招商的同时,注重将网络招商、以商引商、产业链招商、资本招商和委托招商相结合,着力提升招商实效。充分发挥境外招商平台的作用,加大与海外各类机构和组织的合作力度,特别是加强与海外华侨社团、驻外使领馆、省驻海外商务机构、境外商会、跨国公司驻华办事处的联系与交流,构建多层次委托招商平台。

四是针对优势产业实行精准招商。针对"一带一路"沿线的国家和地区,围绕其优势及特色产业,实行精准招商。比如,可以围绕新加坡的港口物流、电子、海工装备、生物医药等优势产业,加大招商引资攻势,着力引进与启东产业关联度高、带动能力强的龙头型、旗舰型项目,做大做强启东"三优三新"产业集群。要突出重点,主攻"一带一路"沿线区域的跨国公司或龙头企业,有重点、有针对性地开展产业招商。

启东市商务局　高　鹏

[本研究报告为2015年江苏沿海沿江发展研究院招标课题"'一带一路'战略背景下启东开放型经济发展研究"(Y201501)研究成果]

后 记

2016年《长江经济带发展规划纲要》发布。习近平总书记多次发表重要讲话,强调推动长江经济带发展必须走生态优先、绿色发展之路,要把长江经济带建成生态更优美、交通更顺畅、经济更协调、市场更统一、机制更科学的黄金经济带。为贯彻落实习近平总书记重要讲话精神,南通大学于2017年4月7日,与光明日报社、上海社会科学院共同举办了以"长江经济带绿色发展"为主题的第三届长江经济带发展论坛,本届论坛围绕协调性均衡推动长江经济带绿色产业、绿色城镇、绿色交通和绿色生态廊道建设,以及创新性构建有利于绿色发展的体制机制和政策环境等理论和实践问题展开深入研讨,得到各大媒体的广泛关注。

这本《2016年江苏沿海沿江发展研究报告集》共收录了27篇研究报告和相关文章,内容包括第三届长江经济带发展论坛综述和专家观点、"1+3"功能区与扬子江城市群、南通沿海沿江地区经济发展以及南通如何接轨上海等。

在此,谨向支持研究院工作的单位、部门以及专家学者表示衷心感谢!

南通大学江苏沿海沿江发展研究院
南通大学江苏长江经济带研究院